# PC-Wissen
# für Einsteiger

# Inhalt

# Vorwort

Computer werden in den meisten Lebensbereichen immer wichtiger und sollen Arbeitsschritte erleichtern, Informationen zur Verfügung stellen, einfachen Kontakt zu Freunden, Verwandten und Geschäftspartnern ermöglichen, gut unterhalten und vieles mehr. Für die jüngere Generation ist ein Computer zur Selbstverständlichkeit geworden. Spielerisch lernen schon die Jüngsten den Umgang mit der Technik, sei es bei Freunden, privat oder in der Schule. Wem dieser Zugang zur modernen Computertechnik fehlt, dem fällt der Einstieg in die Welt von Bits und Bytes meist schwerer – auch wenn es an dem Interesse für die moderne Technik nur selten fehlt.

Dieses Buch soll den Einstieg für Interessierte erleichtern und Grundlagen zum Umgang mit dem PC (Personal Computer) und den dafür vorgesehenen Programmen vermitteln. Dabei geht es nicht nur um die Anwendung der wichtigsten Programme und eines Betriebssystems, sondern auch um die Hardware, also den Computer selbst. Denn wer sich einen neuen Rechner kaufen will, sollte zumindest einige Begriffe aus der Computerwelt gehört haben. Nur so können Sie entscheiden, welcher Rechner Ihren Ansprüchen genügt.

Das Thema Computer und Software ist dermaßen umfangreich, dass dieses Buch nicht als allumfassende Bedienungsanleitung angesehen werden kann. Wie eine Software im Speziellen funktioniert, erfahren Sie im Handbuch des Herstellers oder im Internet – beispielsweise in sogenannten Foren. In diesem Buch können wir nur die wichtigsten Grundlagen erklären und Ihnen Lust auf den Umgang mit Hard- und Software machen.

Wir wünschen Ihnen viel Spaß beim Lesen!

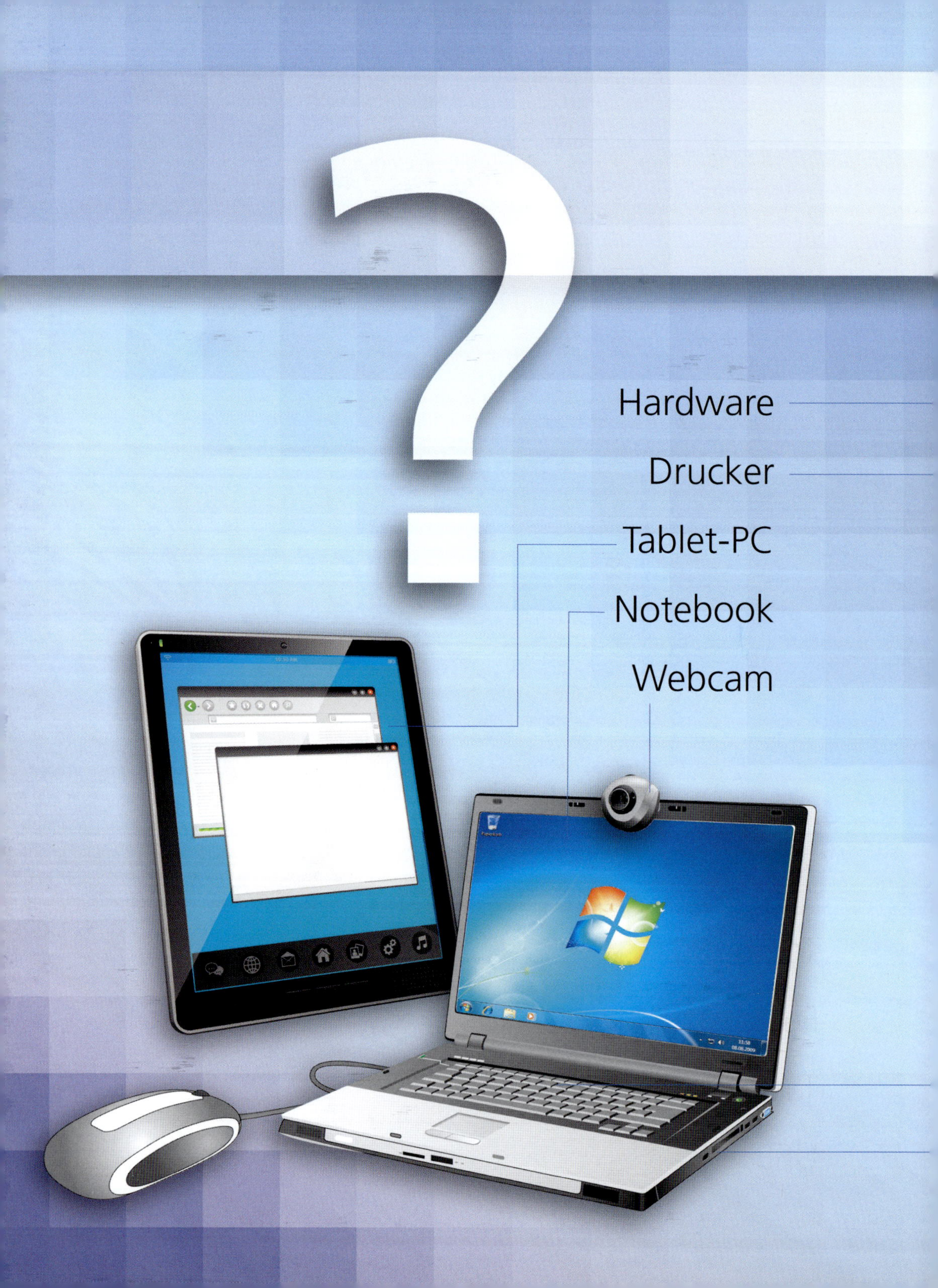
Hardware
Drucker
Tablet-PC
Notebook
Webcam

# Der passende PC

Tower-PC

Festplatte

Tastatur

USB

# Ein großes Angebot

Bevor Sie einen eigenen Rechner bei sich zu Hause aufstellen und einschalten können, müssen Sie zunächst den PC und einige Komponenten kaufen. Dies ist gar nicht so einfach, denn das Angebot an Computern ist gigantisch und reicht von klein bis groß und von stationär bis ultramobil. Darum sollten Sie sich vor dem Kauf eines Rechners genau überlegen, für welchen Einsatzzweck Sie das Gerät nutzen möchten. Sie sollten sich unbedingt einen leistungsfähigen Rechner anschaffen, denn wenn man sich einmal an die Vorteile und den Komfort eines Computers gewöhnt hat, dann will man schnell mehr. Und ein langsam arbeitender Computer ist einfach nervenaufreibend.

***Klassische Variante: Weit verbreitet sind Tower-PCs mit Bildschirm und Tastatur.***

### Welcher Rechner ist der richtige für mich?

Zunächst müssen Sie zwei grundsätzliche Fragen klären:

1. In welchem Bereich möchte ich den Computer einsetzen?
2. Wo will ich ihn betreiben?

Die Antwort auf die erste Frage gibt die Parameter für die Leistung und zusätzliche Komponenten wie beispielsweise Bildschirm, Tastatur, Drucker usw. eines Rechner vor. Als Faustregel gilt: Je mehr Leistung ein Rechner bringen soll, desto teurer ist er.

Die Antwort auf die zweite Frage legt fest, ob es ein portabler oder stationärer Computer wird. Beide Produktgruppen haben ihre Vor- und Nachteile. Stationäre Rechner wie Desktop-PCs sind in der Regel günstiger als mobile Modelle wie Notebooks mit vergleichbarer Leistung.

Hier ein kurzer Überblick über die wichtigsten Produktgruppen, die auf dem Markt zu finden sind:

## Welche Rechner-Typen gibt es?

### Desktop-PC

Gerne gekauft werden sogenannte Desktop- bzw. Tower-PCs, die stationär betrieben werden. Als Destop-PC wird ein Rechner bezeichnet, wenn er so klein ist, dass er auf dem Schreibtisch stehen kann. Tower-PCs sind meist in einem größeren Gehäuse untergebracht und werden unter den Schreibtisch gestellt. Im Vergleich zu portablen Geräten wie z. B. Notebooks sind Desktop-PCs mit vergleichbarer Leistung günstiger und eignen sich für Anwender, die am Schreibtisch arbeiten, spielen oder sich unterhalten lassen wollen. Desktop-PCs haben neben dem günstigeren Preis den großen Vorteil, dass sich einzelne Komponenten einfach ersetzen und sich der Rechner leicht erweitern lässt, beispielsweise mit einer zusätzlichen Festplatte, dem Speicherort für Daten und Programme. Nachteil: Die Hardware (die einzelnen Komponenten eines PCs) lässt sich nicht mobil nutzen, da das Gerät und die notwendigen Komponenten wie Bildschirm und Tastatur sehr unhandlich und somit schlecht zu transportieren sind.

### All-in-One-Geräte

In den letzen Jahren werden zunehmend sogenannte All-in-One-Geräte von verschiedenen Herstellern angeboten, die wie ein Notebook nur wenig Platz benötigen aber dennoch nicht mobil eingesetzt werden können. Bei solchen Geräten sind alle Komponenten – abgesehen von Tastatur, Maus, Drucker etc. – in den Bildschirm eingebaut. Moderne Geräte dieser Art sind zudem mit einem sogenannten Touchscreen ausgestattet, einem berührungsempfindlichen Bildschirm. Über diesen Bildschirm können Sie durch Berührung mit dem Finger den Rechner steuern und beispielsweise Programme aufrufen oder Notizen schreiben – praktisch, wenn man das Gerät an die Wand hängt und als Multimediazentrale ohne Maus und Tastatur (beispielsweise in der Küche) nutzt. All-in-One-Geräte bieten in der Regel einen deutlich größeren Bildschirm (Display) als Notebooks und eignen sich für Anwender, die sich ein stationäres Gerät wünschen aber nicht genug Platz für einen großen Tower-PC haben.

***Platzsparend: Bei diesem Rechner, einem All-in-One-Gerät von Asus, steckt die Hardware des PCs im Bildschirm.***

## Notebooks

Mobile Computer, bei denen das Display auf die Tastatur geklappt werden kann, nennt man Notebooks. Zusammengeklappt lässt sich ein solcher Computer leicht verstauen oder transportieren. Je nach Größe werden die Geräte als Notebook (groß), Subnotebook (mittel) oder Netbook (klein) bezeichnet. Dabei wird die Geräteklasse anhand der Bildschirmdiagonale festgelegt, die in der Regel in Zentimeter oder Zoll angegeben wird. Bei einem solchen Rechner befindet sich die Hardware wie Prozessor, Laufwerk etc. unter der Tastatur. Der Bildschirm kann wie ein Deckel auf die Tastatur geklappt werden. Somit sind diese Modelle besonders platzsparend. Große Notebooks können über vier Kilogramm wiegen. Kleine Modelle bringen hingegen nur rund ein Kilogramm auf die Waage.

***Portable Rechner: Notebooks können leicht transportiert werden und sind für den mobilen Einsatz mit einem Akku ausgestattet.***

### Kann man Notebooks aufrüsten?

Notebooks lassen sich nicht so einfach aufrüsten wie Desktop-PCs. Außerdem gibt es für Desktop-Rechner deutlich größere Displays als für Notebooks. Allerdings können an die meisten Modelle ein externer Bildschirm sowie weitere Komponenten angeschlossen werden. Moderne Notebooks haben im Verhältnis zu Desktop-PCs eine gleichfalls hohe Leistung, sind dabei in der Regel aber teurer.

### Wie sieht es mit der Akkulaufzeit aus?

Bei der Akkulaufzeit hat sich in den letzten Jahren viel getan – nicht nur, dass der Akku an sich deutlich leistungsfähiger geworden ist, zusätzlich sind besonders Strom sparende Komponenten entwickelt worden. So bringen es Notebooks mittlerweile auf Akkulaufzeiten von über acht Stunden. Entscheidend für die Akkulaufzeit ist u. a. die verbaute Hardware sowie das Einsatzgebiet. Rechenintensive Aufgaben verkürzen die Laufzeit ebenso wie ein sehr hell eingestelltes Display oder aktivierte Komponenten wie beispielsweise ein WLAN-Modul, mit dem eine drahtlose Verbindung zu einem Netzwerk hergestellt werden kann.

Große, leistungsstarke Notebooks werden auch als Desktop-Ersatz bezeichnet, weil sie zum einen wegen ihrer Größe nicht so mobil sind und zum anderen wegen der leistungsstarken Komponenten einen höheren Stromverbrauch und somit geringe Akkulaufzeiten haben. Daher kommen sie eher stationär als mobil zum Einsatz.

Außerdem sind die kompakten Subnotebooks und Netbooks für den mobilen Einsatz ausgelegt und auf eine lange Akkulaufzeit getrimmt. Daher werden hier Strom sparende Komponenten und kleine Displays verbaut, deren Leistung nicht so groß ist. Netbooks eignen sich für Anwendungen wie Office, Internet und einfache Multimediaaufgaben. Beispielsweise können Sie ein solches Modell zum Abrufen von E-Mails oder für kurze Recherchen im Internet nutzen.

Anspruchsvolle 3D-Spiele laufen auf solchen Mini-Rechnern nicht – und auch aufwendiger Videoschnitt ist hier nicht möglich. Außerdem schränkt das in der Regel kleine 10-Zoll-Display (rund 25 cm) das Bearbeiten von Bildern oder großen Tabellen stark ein. Dafür sind solche Geräte preiswert und erlauben schon für wenig Geld den Einstieg in die Welt der Computer.

### Webtablets und Tablet-PC

Eine Sonderstellung bei den mobilen Computern nehmen die sogenannten Webtablets oder Tablet-PCs ein, die sich über ein Touchdisplay bedienen lassen. Der berühmteste Vertreter der Kategorie Webtablet ist vermutlich das iPad von Apple, das ohne Tastatur und Maus auskommt. Tablet-PCs sind eigentlich Notebooks mit klapp- und schwenkbarem Display. Der Bildschirm lässt sich so drehen, dass er mit der Anzeigefläche nach oben auf die Tastatur geklappt werden kann. Dadurch lässt sich das Gerät wie ein Webtablet auch im Gehen oder auf dem Sofa bequem bedienen. Solche Modelle eignen sich für Anwender, die in jeder Lebenssituation E-Mails abrufen oder Dinge im Internet nachschauen möchten.

***Apple hat mit dem iPad 2 einen schlanken Rechner ohne Tastatur auf die Erfolgsspur gebracht. Das Gerät lässt sich über den 9,7-Zoll-Touchscreen bedienen und eignet sich u. a., um im Internet zu surfen, E-Mails abzurufen oder Multimediaanwendungen zu nutzen.***

# Die Leistung der Hardware

Soft- und Hardware sind die zwei Begriffe, um die sich in der Computerwelt alles dreht. Während man unter Hardware all das versteht, was man auch anfassen kann, ist die Software der Oberbegriff für Programme. Unter Software fallen z. B. Programme zur Bildbe- oder Textverarbeitung, Computerspiele aber auch das Betriebssystem, das die Basis für alle Programme bildet.

***Die inneren Bestandteile eines Computers entscheiden über seine Leistung.***

## Was macht der Prozessor?

Je nach Hardwareausstattung kann ein Computer für unterschiedliche Aufgaben genutzt werden.

Der Prozessor oder auch CPU (Central Processing Unit) ist das „Herzstück" eines Computers und übernimmt die Hauptrechenarbeit. Im Prozessor laufen Befehle und Informationen zusammen und werden berechnet. Die Ergebnisse werden am Bildschirm oder anderen Ausgabegeräten angezeigt oder wiedergegeben. Wichtige Größen bei einer CPU sind die Anzahl der Rechenkerne und die Taktung. Beides lässt Rückschlüsse auf die Leistung zu. Bei einem oder mehreren Rechenkernen arbeiten mehrere CPUs parallel, wodurch sich in der Regel die Rechenleistung erhöht. Die Taktung, die in GHz (Giga-Hertz) angegeben wird, gibt Auskunft über die Rechengeschwindigkeit: Je höher der Wert, desto höher ist meist auch die Arbeitsgeschwindigkeit eines Computers.

## Wie groß sollte der Hauptspeicher sein?

Der Prozessor allein sagt aber noch nichts über die Arbeitsgeschwindigkeit eines Computers aus. Viele weitere Faktoren müssen auf die CPU abgestimmt sein, sonst wird diese ausgebremst. Beispielsweise wirken sich auch Kapazität und Geschwindigkeit des Hauptspeichers – auch Arbeitsspeicher genannt – auf die Rechengeschwindigkeit aus. Der Arbeitsspeicher ist ein Speicher, in dem Daten schnell ein- und ausgelesen werden können – deutlich schneller, als das von der Festplatte möglich ist. Darum werden hier aktuell verwendete Daten abgelegt, auf die die CPU rasch zugreifen kann. Je nach eingesetztem Betriebssystem sollte ein Arbeitsspeicher mindestens zwei GB (Gigabyte) groß sein. Aber Vorsicht! Auch wenn ein Rechner mehr Arbeitsspeicher zur Verfügung hat, so kann nicht jedes Betriebssystem mit unendlich viel Arbeitsspeicher umgehen. So akzeptieren beispielsweise die Windows-Versionen XP, Vista und auch Windows 7 in der 32-Bit-Variante nur einen vier GB großen Arbeitsspeicher. Windows 7 Ultima akzeptiert als 64-Bit-Betriebssystem hingegen bis zu 192 GB, einer von vielen Gründen, warum man einem 64-Bit-System den Vorzug geben sollte.

## Was ist bei der Grafikkarte zu beachten?

Neben CPU und Arbeitsspeicher hat auch die Grafikkarte Einfluss auf die Geschwindigkeit und Möglichkeiten eines PCs – beispielsweise beim Darstellen von 3D-Effekten. Dies sind sehr rechenintensive Vorgänge, die nur von leistungsstarken Grafikkarten mit eigenem Grafikspeicher flüssig abgearbeitet werden können, sofern sie den von der Software verwendeten Standard (z. B. DirectX von Microsoft) unterstützen. Darum sollten gerade bei Rechnern, die für Multimediaanwendungen und Spiele genutzt werden, leistungsstarke Grafikkarten zum Einsatz kommen. Wer lediglich Büroarbeiten mit seinem PC erledigen will, der kann bei der Grafikkarte auf ein günstiges Modell setzen, z. B. auf einen sogenannten Onboard-Grafikchip, der keinen eigenen Speicher besitzt, sondern auf den Arbeitsspeicher des Rechners zugreift.

## Kann die Festplatte die Leistung steigern?

Die Festplatte ist der Platz in einem PC, an dem die Daten gespeichert werden, auch wenn der Rechner ausgeschaltet ist. Die Kapazität einer Festplatte sollte nach den Anwendungsgebieten gewählt werden: Wer beispielsweise viele Fotos, Videos und andere Multimediadateien speichern möchte, der sollte mindestens auf eine 500-GB-Festplatte setzen. Eine Alternative zu Festplatten sind sogenannte Solid State Drives, kurz SSD, die ohne bewegliche Bauteile auskommen und darum sehr robust sind. Allerdings ist dieser Speicher im Vergleich zur Festplatte mit rotierenden Plattern (die einzelnen magnetisch beschichteten Magnetscheiben einer Festplatte) und einem beweglichen Arm deutlich teurer.

***So sieht eine Festplatte von innen aus: Der Lesearm läuft über die Platter, auf denen die Daten gespeichert sind.***

# Welcher Rechner ist der richtige?

### Desktop-PC oder Notebook?

Je nach Einsatzgebiet müssen Sie sich nun für einen Rechner entscheiden. Je weniger Leistung Sie brauchen, beispielsweise im Bereich Home-Office, desto geringer sind die Anschaffungskosten. Ob Sie zu einem Desktop-PC oder einem Notebook greifen, hängt zum einen von Ihrem Budget und zum anderen vom Platz und Einsatzgebiet ab. Bei vergleichbarer Leistung ist ein Desktop-Modell in der Regel preiswerter als ein Notebook. Außerdem lässt sich ein Desktop-PC einfacher erweitern – beispielsweise, wenn eine zweite Festplatte in das System eingebunden werden soll. Dies ist bei den meisten Notebooks gar nicht möglich. Der große Vorteil eines Notebooks ist die Mobilität und die Möglichkeit, das Gerät dank Akku für eine gewisse Zeit fernab von jeder Steckdose zu betreiben. Aber egal, ob mobiles Notebook oder stationärer Desktop-PC, je anspruchsvollere Aufgaben Sie bewältigen wollen, desto mehr Rechenleistung benötigen Sie. Einen Überblick über einzelne Anwendungsgebiete und die notwendige Hardwareausstattung eines Systems finden Sie in der folgenden Aufstellung:

### Home-Office-PC

Für den Bereich Home-Office reicht in der Regel ein preiswerter Desktop-PC aus, der mit einer günstigen CPU und einer sogenannten Onboard-Grafik bestückt ist. Bei dieser Lösung ist die Grafikeinheit integriert und daher günstiger – aber auch nicht so leistungsfähig. Allerdings fällt bei einfachen Internet-Recherchen, Textverarbeitung oder dem Bearbeiten einer Präsentationsfolie kaum Arbeit für CPU und Grafikchip an. Die Festplattenkapazität sollte ab 250 GB gewählt werden. Textdokumente verbrauchen nicht viel Speicherplatz.

### Internet-PC

Für einen Internet-PC, der natürlich auch den Ansprüchen eines Home-Office-PCs genügt, benötigt man etwas mehr Leistung. Denn schnelle Internetverbindungen erlauben den Zugriff auf HD-Videos und Browser-Spiele. Auch für das Laden von animierten Webseiten sollte der Rechner genügend Power mitbringen, um diese flüssig aufzubauen. Ein solcher Rechner sollte zumindest mit einem Doppelkernprozessor (d. h. zwei Hauptprozessoren auf einem Chip) bestückt sein, der um die 2,5 GHz getaktet ist. In puncto Grafik sind Internetanwendungen nicht so anspruchsvoll. Hier reicht die Konfiguration eines Home-Office-PCs.

Optionale Hardware für einen Internet-PC sind ein Headset, Lautsprecher und eine Webcam.

### Multimedia-PC

Für Aufgaben wie der klassischen Bildbearbeitung oder SD-Videoschitt (SD = Standard Definition), reicht wie bei der Internet-Lösung ein flotter Doppelkernprozessor aus. Bei solch einem System sollte die Festplattenkapazität üppig gewählt werden, denn Videos, die Fotosammlung und das Musikarchiv füllen den verfügbaren Speicherplatz schnell an. Darum sollte hier eine Festplatte zum Einsatz kommen, die mindestens ein TB (Terabyte) an Platz bietet. Vorteil bei einem Desktop-System: Ist die Platte voll, kann mit wenigen Handgriffen eine weitere eingebaut werden. Außerdem sollte ein Multimedia-PC über ein Laufwerk zum Abspielen von DVDs und Bluray-Disks sowie ein gutes Audiosystem mit Surroundsound verfügen.

### HD-Videoschnitt-PC

Wer auf seinem Rechner auch HD-Videos (High Definition Video, engl. für „hochauflösendes Video") bearbeiten möchte, der baucht noch mehr Leistung. Zum einen benötigt das Videomaterial viel Speicherplatz und zum anderen brauchen HD-Schnittprogramme in der Regel leistungsstarke Prozessoren und Grafikchips, um flüssig arbeiten zu können. Der Prozessor wird besonders beim Videoschnitt (beim Berechnen des Materials, dem sogenannten Rendern) gefordert. Darum sollte ein moderner HD-Videoschnitt-PC mit einem Quad-Core-Prozessor (CPU mit vier Kernen) bestückt sein. Auch ein leistungsstarker Grafikchip, der zwei Monitore ansteuern kann, darf hier nicht fehlen. Guter Sound und viel Speicherplatz sind bei diesen Anforderungen obligatorisch.

### 3D-Spiele-PC

Die höchsten Ansprüche an die Hardware stellen in der Regel moderne 3D-Computerspiele, die nicht nur den Grafikchip mit vielen 3D-Animationen sondern auch die CPU beanspruchen. Damit ein Spiel ohne Unterbrechungen angezeigt werden kann, muss die Grafikkarte rund 30 Bilder pro Sekunde an den Bildschirm senden – eine Aufgabe, die je nach Auflösung, Details und Effekten, eine gewaltige Datenmenge mit sich bringt. Für 3D-Spiele ist ein Doppelkern-Prozessor mir 3 GHz meist ausreichend, da die wenigsten Spiele das Potenzial eines Quad-Core-Prozessors nutzen können.

***Den richtigen PC zu finden, ist nicht immer ganz einfach.***

# Zubehör für Notebook und PC

Wer sich einen Computer anschafft, der kauft in der Regel auch weiteres Zubehör. Unerlässlich für einen Desktop-PC ist der Monitor sowie Maus und Tastatur. Das sind die drei wichtigsten Hardwarekomponenten. Mit der Tastatur und der Maus kommunizieren Sie mit dem Rechner und der Bildschirm gibt Informationen an Sie aus. Bei der Wahl dieser Komponenten sollte besonders auf die Ergonomie geachtet werden. Eine Handballenauflage an der Tastatur, die längeres Schreiben erleichtert, oder eine ergonomische Maus, die gut in der Hand liegt und einfach zu führen ist, sind empfehlenswert. Probieren Sie die Maus im Laden aus, denn nicht jede Maus passt zu jeder Hand. Maus und Tastatur gehören in der Regel zum Lieferumfang, ein Monitor wird hingegen nur selten mitgeliefert und muss zusätzlich gekauft werden. Sie sollten beim Kauf und beim Aufstellen eines Monitors einige Punkte beachten:

## Welcher Bildschirm passt zu mir?

Vereinzelt oder gebraucht werden noch sogenannte CRT-Bildschirme, mit Bildröhre angeboten. Diese Gattung ist aber am Aussterben und sollte nicht mehr erworben werden. Besser sind moderne Flachbildschirme, sogenannte LCD-Displays, die nur wenig Platz brauchen und mit einer guten Bildqualität überzeugen. Diese Modelle werden mit Displaydiagonalen von mehr als 24 Zoll (61 cm) ausgeliefert. Displays in dieser Größe haben ihre Vorteile, brauchen aber viel Platz.

***Flachbildschirme sind optimal für einen Desktop-PC und benötigen dank ihrer flachen Bauform nur wenig Platz auf dem Schreibtisch.***

## Was ist bei der Bildschrimgröße zu beachten?

Richten Sie die Größe des Bildschirms nach Ihren Ansprüchen und den Platzmöglichkeiten aus. Wer beispielsweise viele Texte schreibt, für den bietet sich ein Display an, auf dem eine oder sogar zwei DIN-A4-Seiten nebeneinander gut abgebildet werden können.

Große Displays (ab 20 Zoll) sind auch für Multimedia-Anwender von Vorteil, beispielsweise beim Videoschnitt. Hierbei ist das Bearbeitungsfenster in viele Segmente für Vorschau, Zeitleiste, Effekte und Daten aufgeteilt. Wer hier ein zu kleines Display benutzt, verliert bei der Arbeit schnell den Überblick.

### Welche Anschlüsse brauche ich?

Achten Sie beim Kauf eines neuen Bildschirms darauf, dass dieser die für Ihren PC passenden Anschlüsse mitbringt. Ältere PCs verfügen in der Regel nur über einen sogenannten VGA-Anschluss (Video Graphic's Array, ein Standard für Grafikkarten), einen analogen Bildübertragungsstandard. Moderne Rechner übertragen die Bildinformationen digital über eine HDMI-(High Definition Multimedia Interface, eine Schnittstelle zur digitalen Übertragung von Audio- und Videosignalen) oder DVI-Schnittstelle (Digital Visual Interface, eine elektrische Schnittstelle zur Übertragung von Videodaten).
Hat man die Wahl, sollte man immer der digitalen Verbindung den Vorzug geben, denn mit ihr wird ein hochwertigeres Signal und somit das bessere Bild übertragen.

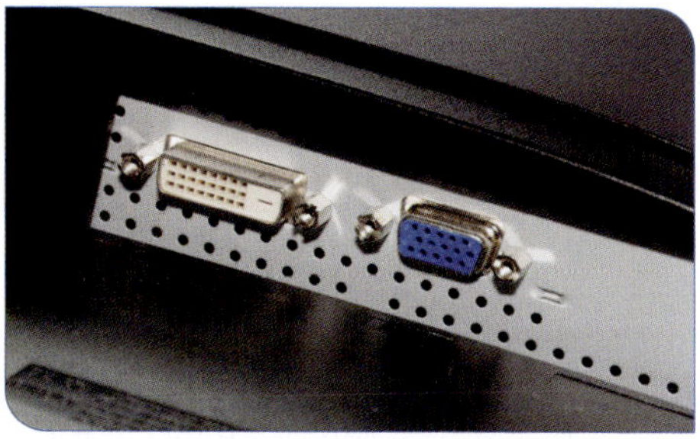

***Moderne Flachbildschirme bieten meist mehrere Schnittstellen (rechts digital DVI, links analog VGA). Mit dem DVI- bzw. HDMI-Eingang erhält man im Vergleich zur analogen VGA-Schnittstelle ein hochwertigeres Signal. Darum sollte einer digitalen Verbindung der Vorzug gegeben werden.***

### Wie soll ein Monitor aufgestellt werden?

Achten Sie beim Aufstellen des Bildschirms darauf, dass keine Reflexionen (durch Beleuchtung oder Sonnenlicht) entstehen. Der Bildschirm sollte 50 bis 80 cm von den Augen entfernt sein und so aufgestellt werden, dass die obere Zeile unterhalb der Augen liegt. Für entspanntes Arbeiten empfehlen Fachleute eine leichte Blickneigung nach unten.

**So stellen Sie den Bildschirm richtig auf:**

**Der Bildschirm sollte immer im Blickfeld stehen.**

- Die oberste Zeichenzeile sollte unterhalb der Augenhöhe liegen.
- Der Abstand von den Augen zum Monitor sollte mindestens 50 cm betragen.
- Achten Sie beim Aufstellen auf die Vermeidung von Lichtreflexionen (Blickrichtung am besten parallel zum Fenster).

Neben dem Monitor sind Maus und Tastatur die wichtigsten Hardwarekomponenten eines Computers. Sie dienen dazu, den Rechner zu steuern, Befehle einzugeben oder Texte zu schreiben. Maus und Tastatur werden bei älteren Systemen über die sogenannte PS/2-Schnittstelle angeschlossen. Moderne Modelle nutzen den USB-Port und werden kabelgebunden oder kabellos angeboten. Kabellose Tastaturen und Mäuse kommunizieren per Funk mit dem PC. Man hat also keinen Kabelsalat. Jedoch müssen sie mit Batterien oder Akkus bestückt werden, was zusätzliche Kosten aufwirft. Neben dem Pflichtzubehör wie Maus, Tastatur und Bildschirm für den Desktop-PC (im Notebook sind diese Komponenten ja enthalten) gibt es noch viele Produkte, mit denen man seine Hardwareausstattung sinnvoll ergänzen kann.

## Brauche ich einen Drucker?

Ein Drucker ist wohl das sinnvollste Zubehör für einen Computer, auf das kaum ein Anwender verzichten möchte. Denn mit ihm lassen sich im Handumdrehen Bilder, Texte und Grafik auf Papier bringen. Doch welcher Drucker ist für Sie der richtige? Und wie finden Sie in dem großen Angebot das passende Modell? Für den Heimanwender kommen zwei Geräteklassen infrage: der Tintenstrahldrucker oder der Laserdrucker. Außerdem gibt es noch Speziallösungen wie z. B. den Thermosublimationsdrucker, der u. a. hochwertige Fotos ausdrucken kann. Diese Spezialgeräte möchten wir hier aber nicht weiter behandeln.

***Drucker oder Scanner – auch beides in einem Gerät – sind sinnvoll.***

## Tintenstrahl- oder Laserdrucker?

Das Angebot an Druckern ist sehr groß und wird ständig größer. Grundsätzlich sollte man sich zunächst für eine Produktgruppe entscheiden: Laser- oder Tintenstrahldrucker. Letztere sind in der Regel mit mehreren Tintenpatronen in unterschiedlichen Farben bestückt. Die Farbe wird hier tröpfchenweise auf das Papier gebracht. Dabei werden die Tröpfchen so eng nebeneinander auf dem Papier platziert, dass das menschliche Auge sie nicht einzeln erkennen kann. Die Farbmischung geschieht im Auge. Mit Tintenstrahldruckern lassen sich auf gutem Papier Bilder in guter Fotoqualität ausgeben. Somit eignen sich solche Modelle besonders für Anwender, die hochwertige Farbausdrucke wünschen. Tintenstrahldrucker werden sehr günstig angeboten, allerdings können die laufenden Kosten für die Tinte recht hoch werden. Informieren Sie sich daher beim Kauf eines Druckers auch über die Kosten für die Ersatzpatronen.

**Tipp:** Tintenstrahldrucker sind zwar in der Anschaffung günstig, die Tinte kann aber teuer werden. Informieren Sie sich vor dem Kauf über die anfallenden Tintenkosten eines Geräts.

Ein Laserdrucker arbeitet mit Tonerpulver. Er ist in der Anschaffung etwas teurer als ein Tintenstrahldrucker, die laufenden Druckkosten sind aber deutlich geringer. Allerdings ist ein Laserdrucker nicht für den Fotodruck geeignet und druckt in Schwarz-Weiß. Es gibt zwar auch Farblaserdrucker, die sind allerdings relativ teuer und erreichen nicht die Bildqualität eines guten Tintenstrahlmodells. Somit ist diese Geräteklasse für Anwender geeignet, die geringere Kosten wünschen und auf Fotoqualität verzichten können. Ein weiterer Vorteil: Ein Laserdrucker kann auch längere Zeit ohne Einbußen bei der Druckqualität unbenutzt bleiben. Bei einem Tintenstrahldrucker kann es passieren, dass die Druckdüsen durch eingetrocknete Tinte verstopfen und das Druckbild leidet.

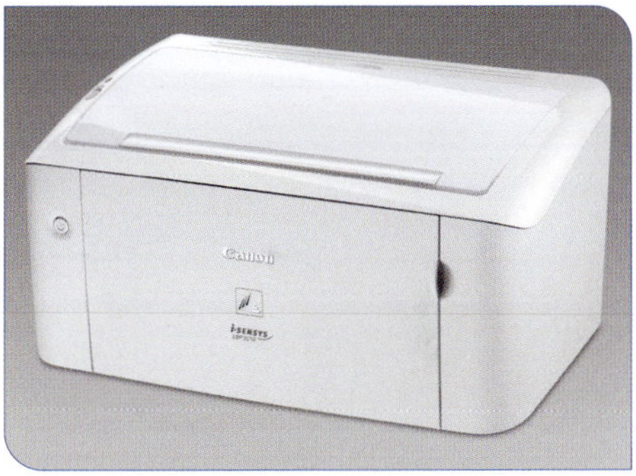


***Ein Laserdrucker ist für den Schwarz-Weiß-Druck optimiert.***

## Brauche ich einen Scanner?

Ein Scanner ist ein Gerät, mit dem Sie verschiedene Dokumente auf Papier digitalisieren können. Meistens sind solche Geräte für ein Papierformat von maximal DIN-A4 ausgelegt und können sowohl Schwarz-Weiß-Bilder als auch Farbvorlagen einlesen. Manche Modelle sind zudem noch mit einer sogenannten Durchlichteinheit ausgestattet.

Diese wird beim Einscannen von Diavorlagen oder Negativfilmen benötigt – eine praktische Lösung also, wenn man seine analogen Aufnahmen digitalisieren, archivieren oder mit einer Bildbearbeitungssoftware restaurieren möchte.

***Mit einem Scanner lassen sich Dokumente digitalisieren und speichern.***

## Wie viel Platz benötige ich für diese Geräte?

Für den Drucker und den Scanner sollte man genauso wie für PCoder Notebook, Monitor, Tastatur und Maus, natürlich einen entsprechenden Stellplatz einplanen. Informieren Sie sich also genau, welchen Platzbedarf diese Geräte haben! Wer besonders platzsparend planen muss, für den ist ein sogenanntes Multifunktionsgerät eine gute Alternative: Scanner und Drucker sind hier in einem Gerät kombiniert. Sie benötigen deutlich weniger Stellfläche als Einzelgeräte. Einige Modelle sind zudem mit einem Faxmodul ausgestattet. So können Sie ohne PC Faxe senden und empfangen. Außerdem bieten die meisten Multifunktionsgeräte eine Kopierfunktion an, die ebenfalls vom Computer unabhängig ist.

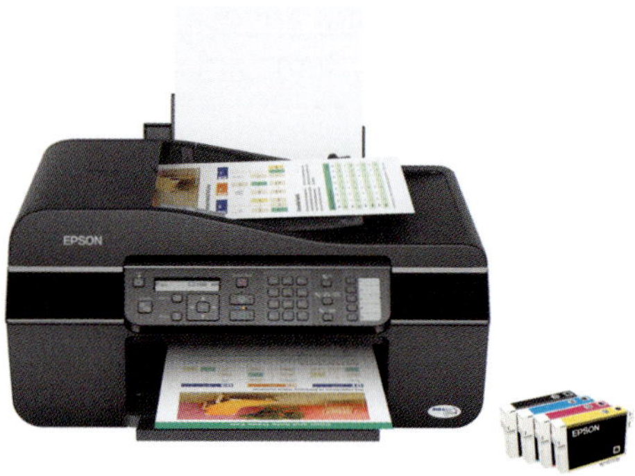


***Ein Multifunktionsgerät vereint einen Drucker mit einem Scanner. Manche Geräte wie dieses von Epson besitzen zusätzlich ein Faxmodul.***

## Hat ein Computer auch Lautsprecher?

Computer sind heutzutage nicht nur für die Büroarbeit geeignet, sondern können auch zum Hören von Musik und Filmen genutzt werden. Um einen Ton zu hören, benötigen Sie aber ein passendes Lautsprechersystem. In Notebooks und einigen Displays sind zwar Boxen integriert, die Audioqualität ist bei den meisten Modellen jedoch nicht sehr hoch. Wer seinen Rechner auch multimedial nutzen möchte, der sollte in ein gutes Lautsprechersystem investieren, z. B. in ein Einsteigermodell mit zwei kleinen Boxen, die links und rechts neben dem Bildschirm platziert werden. Anspruchsvolleren Anwendern sei ein sogenanntes 2.1-System empfohlen. Dieses verbindet ein klassisches Stereo-System mit zwei Boxen und einem Subwoofer, der für satte Bässe sorgt und z. B. unter dem Schreibtisch platziert werden kann. Als weitere Ausbaustufe werden sogenannte 5.1-Systeme für echten Raumklang angeboten. Bei einem solchen System wird links, rechts und in der Mitte des Bildschirms je ein Lautsprecher platziert. Zwei weitere Boxen werden hinter dem Anwender und der Subwoofer wie gehabt unter dem Schreibtisch aufgestellt. Mit einem solchen Soundsystem werden Sie in den Klang eingebettet und können auch Geräusche von hinten wahrnehmen. Dieser Effekt ist besonders bei Multimediainhalten interessant, beispielsweise bei einem Film. Voraussetzung für den 5.1-Sound sind entsprechende Ausgänge am Computer und eine passende Quelle, z. B. eine Video-DVD mit 5.1-Unterstützung. Auch 7.1-Systeme werden angeboten, bei denen zusätzlich links und rechts vom Anwender ein Lautsprecher platziert wird. Diese Systeme werden aber nur in geringem Maße unterstützt.

## Welches Zubehör ist sonst noch sinnvoll?

Die Palette an Computerzubehör ist reichhaltig. Hier möchten wir Ihnen nur einige wenige sinnvolle Produkte vorstellen, z. B. die Webcam. Bei modernen Notebooks ist sie in der Regel in den Rahmen des Bildschirms eingebaut, kann aber auch im Nachhinein kostengünstig installiert werden. Die meisten externen Modelle werden über den USB-Port mit dem Rechner verbunden und automatisch erkannt. Webcams übermitteln Ihr Bild zum Gesprächspartner, beispielsweise bei Videochats über das Internet.

***Eine Webcam kann ein sinnvolles Zubehör sein, wenn Sie Videotelefonate über das Internet führen wollen.***

Kleine Speichersticks sind der Renner auf dem Zubehörmarkt. Sie bieten eine große Speicherkapazität und lassen sich einfach mit dem USB-Port eines Rechners verbinden. Moderne Betriebssysteme erkennen den Speicher automatisch und binden diesen in das System ein. So lassen sich Daten einfach und ohne Netzwerk von einem auf den anderen Computer übertragen. Werden sie nicht mehr benötigt, lassen sie sich einfach wieder löschen, um Platz für neue Daten zu schaffen. Reicht die Kapazität eines USB-Sticks nicht aus, bieten sich externe USB-Festplatten an, die für viele hundert Gigabyte Daten Platz bereithalten.

***Ein USB-Speicherstick ist ein kleiner kompakter mobiler Speicher.***

# Die wichtigsten Schnittstellen

## Was ist eine USB-Schnittstelle?

Die Schnittstellen, mit denen Sie einen Monitor und einen PC verbinden, haben Sie bereits kennengelernt. Die USB-Schnittstelle wurde bereits vorgestellt und soll nun etwas genauer behandelt werden: USB steht für „Universal Serial Bus", eine der wichtigsten Schnittstellen am PC, denn hier können zahllose Geräte wie Drucker, Scanner aber auch bestimmte Lautsprecher, externe Grafikkarten usw. mit dem Rechner sogar im laufenden Betrieb verbunden werden. Der Computer muss also nicht aus- und wieder eingeschalten werden. Viele USB-Geräte werden automatisch erkannt und in das System eingebunden. Für andere wird ein passender Treiber benötigt. Der Treiber, eine kleine Software, sagt dem Computer, um welches Gerät es sich handelt und wie es genutzt werden kann.

**Tipp:** Nutzen Sie immer den neuesten Treiber für eine Hardware, die Sie mit Ihrem Rechner verbinden wollen. So ist gewährleistet, dass bekannte Fehler bereits behoben wurden. Die aktuellen Treiber bekommen Sie in der Regel auf der Website des Herstellers.

***Die USB-Schnittstelle darf an keinem modernen Rechner fehlen.***

USB wurde Mitte der 90er-Jahre eingeführt und hat sich mittlerweile in der Version 3.0 etabliert. USB 3.0 kann eine Übertragungsgeschwindigkeit von über 600 MB/s erreichen und sorgt so für einen hohen Datendurchsatz. So lassen sich z. B. große Datenmengen in einer kurzen Zeit auf einer externen Festplatte sichern.

***Audioanschlüsse (oben), Firewire (links) und USB (rechts) sind häufig an der Gerätefront zu finden.***

## Was ist eine Firewire-Schnittstelle?

Neben USB ist Firewire (engl. für „Feuerdraht") eine Schnittstelle, die ebenfalls die Möglichkeit bietet, Geräte während des Betriebs mit einem Rechner zu verbinden. Weit verbreitet ist dieser Port (Schnittstelle) im Bereich Videoschnitt, um einen Camcorder mit dem Computer zu nutzen. Via Firewire lässt sich das Videomaterial schnell und unkompliziert überspielen und einige Camcorder lassen sich darüber auch steuern.

**Tipp:** Videofans, die einen Camcorder mit Firewire-Schnittstelle haben, sollten beim Kauf eines Rechners darauf achten, dass dieser Firewire unterstützt.

## Gibt es noch weitere Schnittstellen?

Lautsprechersysteme werden in der Regel mit einem 3,5-Millimeter-Klinkenstecker mit dem Computer verbunden. Ein- bzw. Ausgänge für das Lautsprechersystem befinden sich an der Rückseite der meisten Rechner. An der Gerätefront befinden sich ein Ausgang für einen Kopfhörer und ein Eingang für ein Mikrofon. Hier kann auch ein sogenanntes Headset angeschlossen werden: ein Kopfhörer mit integriertem Mikrofon, das z. B. für Telefonate über das Internet verwendet werden kann.

***Ein Klinkenstecker dient als Audioverbindung zu Boxen, Kopfhörer oder Mikrofon.***

***Moderne Soundkarten bieten meist mehrere Audiokanäle um Raumklang – sogenannten Surroundsound – zu erzeugen.***

Außerdem gibt es auch noch die kabellosen Schnittstellen, die verschiedene Geräte mit dem PC verbinden. Für Handys, BT-Headsets etc. kommt die sogenannte Bluetooth-Verbindung zum Einsatz, eine Funkverbindung mit einer Reichweite von rund 10 Metern, die sich mit wenigen Mausklicks einrichten lässt. Des Weiteren verfügen moderne Rechner über WLAN, ebenfalls eine Funkverbindung, die den PC mit einem Netzwerk verbindet. Was bei einer WLAN-Verbindung zu beachten ist, erklären wir etwas später.

Menüs
Windows 7
Betriebssysteme
Fenster

Dateiinformationen

Symbolleisten

Programme

# Der erste Start

# Betriebssysteme: Windows & Co

Was Sie hinsichtlich der Hardware beim Kauf eines neuen Computers beachten sollten, wissen Sie nun. Bevor Sie jedoch eine endgültige Kaufentscheidung treffen, sollten Sie sich noch Gedanken zu dem Betriebssystem machen, das in der Regel mit einem neuen Rechner ausgeliefert wird. Wie bei der Hardware gibt es auch bei der Software, unter die das Betriebssystem fällt, ebenfalls unterschiedliche Anbieter, die jeweils einige Produkte im Angebot haben.

### Was ist ein Betriebssystem?

Das Betriebssystem ist eine Software, die die Nutzung eines PCs erst ermöglicht und in der Regel im Lieferumfang eines Computers enthalten ist. Das Betriebssystem (engl. Operating System, kurz OS) ist eine Software, die u. a. den Speicher sowie Ein- und Ausgabegeräte wie Maus, Tastatur und Drucker steuert und weitere Hardware verwaltet. Die meisten Betriebssysteme arbeiten mit einer grafischen Benutzeroberfläche, die mit der Maus und der Tastatur anwenderfreundlich bedient werden kann. Außerdem dient das Betriebssystem als Basis, an die andere Programme wie Textver- oder Bildbearbeitung anknüpfen. Darum müssen Sie beim Kauf zusätzlicher Software darauf achten, dass diese mit Ihrem Betriebssystem kompatibel ist.

**Achtung:** In moderne Betriebssysteme sind grundlegende Programme zur Textverarbeitung, Internetbrowser und Werkzeuge zur Computerverwaltung häufig bereits integriert und müssen also nicht separat gekauft werden.

**Tipp:** Achten Sie beim Kauf neuer Software darauf, dass diese zu Ihrem Betriebssystem passt. Andernfalls könnte das neue Programm eventuell nicht laufen.

### Welche Betriebssysteme gibt es?

Auch bei den Betriebssystemen gibt es eine Vielzahl an Produkten. Beim klassischen Heim-PC stößt man am häufigsten auf Windows von Microsoft in den Versionen Windows XP, Vista oder Windows 7, das Ende 2009 eingeführt wurde. Als weitere Programme sind noch zu erwähnen: Mac OS X, das auf Rechnern der Marke Apple vorinstalliert wird, und das meist kostenlose Betriebssystem Linux, das von verschiedenen Distributoren mit unterschiedlichen Optionen angeboten wird. War Linux noch vor einigen Jahren ein Betriebssystem für Computer-Freaks, lässt es sich mittlerweile ähnlich einfach installieren wie Windows von Microsoft.

Da Linux nur wenig Hardwareleistung benötigt, wird es auf einigen Netbooks vorinstalliert ausgeliefert und deckt somit eine Nische ab. Rechner mit Linux sind in der Regel auch etwas günstiger, da die Kosten für das Betriebssystem entfallen.

***Das Betriebssystem Windows 7 von Microsoft ist auf vielen neuen Rechnern bereits vorinstalliert, wird aber auch ohne PC zum Kauf angeboten.***

### Warum ist Windows so verbreitet?

Wir konzentrieren uns hier aber auf Windows von Microsoft, das wohl populärste Betriebssystem im PC-Bereich. Der Name Windows kommt aus dem Englischen und heißt übersetzt »Fenster«, was bereits das Grundprinzip dieses Produkts beschreibt: Windows ist in einzelne Fester aufgeteilt, in denen die verschiedenen Anwendungen wie Textbe- oder Bildverarbeitung ablaufen. Es können mehrere Fenster parallel geöffnet und frei auf dem Bildschirm, dem sogenannten Desktop, platziert werden. Diese einfache Bedienung macht Windows so populär. Daher werden viele Programme für dieses System entwickelt. Zum Teil werden sie kostenlos angeboten, was bei der Wahl eines Betriebssystems für Windows spricht.

## Die wichtigsten Betriebssysteme im Überblick

### WINDOWS
### Microsoft

Windows ist eines der populärsten Betriebssysteme. Viele Computer sind bereits ab Werk damit ausgestattet. Der Anwender benötigt nur wenig Zeit, um das System einzurichten.

### MAC OS X
### Apple

Das Betriebssystem Mac OS X wird auf Rechnern von Apple vorinstalliert. Es basiert wie Windows auf einer grafischen Benutzeroberfläche und kann mit Maus und Tastatur bedient werden.

### LINUX
### Andere Anbieter

Linux wird von verschiedenen Distributoren in unterschiedlichen Paketen angeboten. Dieses Betriebssystem ist meist kostenlos und kann durch ebenfalls kostenlose Programme erweitert werden.

Es ist soweit: Ein Computer mit dem Betriebssystem Windows 7 ist gekauft und ausgepackt. Was ist nun zu tun? Ein Notebook sollte vor dem ersten Start an das Stromnetz angeschlossen werden. Bei einem Desktop-PC müssen Sie Monitor, Maus und Tastatur sowie das Stromkabel mit dem Gerät verbinden. Welche Anschlüsse Sie wo finden, haben Sie ja schon gelernt. Um es den Anwendern zu erleichter, werden die meisten Rechner mit einer Schnellstartanleitung ausgeliefert. Bitte beachten Sie folgende Empfehlungen, um bei Ihrem ersten Systemstart keine Fehler zu machen.

## Was ist beim ersten Start zu beachten?

Beim ersten Einschalten eines neuen Computers brauchen Sie etwas Geduld. Beim ersten Rechnerstart, z. B. mit Windows 7 müssen Sie einige Dinge beachten und dem Rechner Informationen geben. Beispielsweise fragt das Betriebssystem ab, in welchem Land der Rechner arbeitet und welches Tastaturlayout benutzt wird. Das sind wichtige Informationen für das System, denn auf einer deutschen Tastatur sind die Buchstaben anders angeordnet als auf einer für den englischsprachigen Markt.

Als Nächstes müssen Sie ein Benutzerkonto anlegen, in dem Ihre persönlichen Einstellungen gespeichert werden, z. B. ein individuelles Hintergrundbild, Systemklänge oder Ihre E-Mail-Postfächer. Später können Sie noch weitere Benutzerkonten hinzufügen, eventuell für den Partner oder Familienangehörige. Benutzerkonten lassen sich individuell anpassen, sodass jeder Benutzer seine eigene Bedienoberfläche hat. Außerdem können Sie das angelegte Benutzerkonto mit einem Passwort schützen. So kommt kein anderer an Ihre Einstellungen und Dokumente. Ein solcher Schutz kann u. a. dann sinnvoll sein, wenn auch andere Personen Zugang zum Rechner haben. Zuletzt müssen Sie noch die Lizenzbedingungen akzeptieren, die Sicherheitseinstellungen

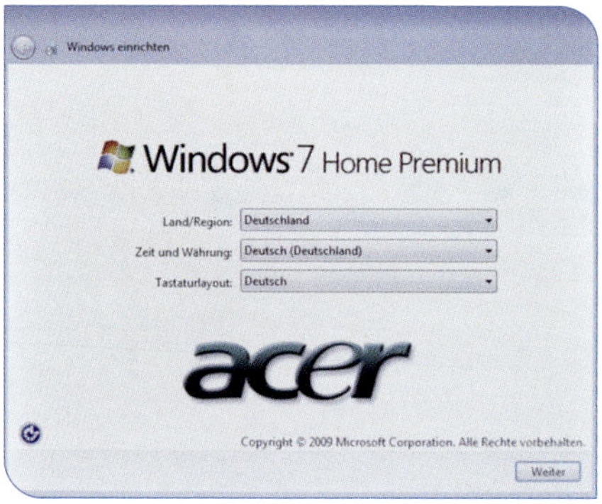


***Windows 7 fragt beim ersten Rechnerstart einige wichtige Informationen ab.***

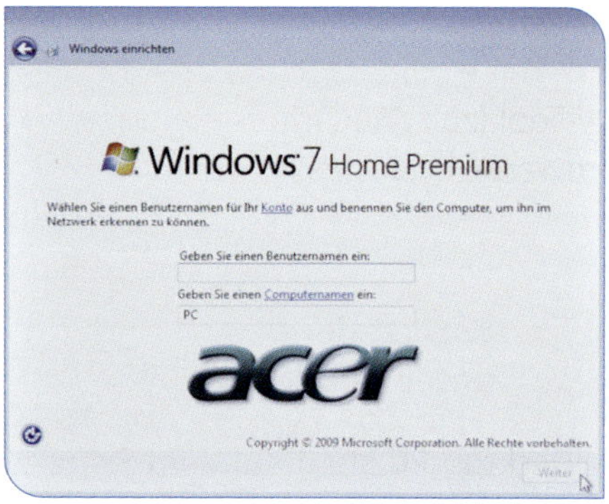


***Außerdem müssen Sie ein erstes Benutzerkonto anlegen.***

anpassen (hier sollten Sie die Empfehlungen des Herstellers wählen) und bei Bedarf ein drahtloses Netzwerk einrichten. Wie das genau geht, erklären wir Ihnen später.

***Nach wenigen Minuten ist das System eingerichtet und kann genutzt werden.***

**Tipp:** Einige Hersteller sparen sich die Installations-CDs für das Betriebssystem und speichern dieses auf der Festplatte. Sind keine CDs im Lieferumfang enthalten, sollten Sie nach dem ersten Neustart unbedingt ein Back-up (Sicherungskopie) Ihres Systems durchführen, entweder mithilfe von Windows 7 oder – falls vorhanden – mit einem Back-up- oder Recovery-Tool (zur Wiederherstellung) des Hardware-Herstellers.

## Was ist der Desktop unter Windows?

Der Desktop-PC steht auf dem Schreibtisch und der Desktop von Windows ist der virtuelle Schreibtisch. Hier finden Sie Programme, die man zum Arbeiten mit einem PC braucht. Wie bei einem richtigen Schreibtisch liegt aber nicht alles kreuz und quer verstreut auf der Tischplatte, sondern die meisten Werkzeuge und Arbeitsgeräte liegen sauber geordnet in diversen „Schubladen", die Sie mit dem Mauszeiger öffnen können. Außerdem können Sie den Desktop ganz Ihren Vorstellungen anpassen, z. B. mithilfe verschiedener Programm-Icons (kleine Vorschaubilder), durch die Sie einen direkten Zugriff auf bestimmte Werkzeuge oder Funktionen bekommen. Zudem gibt es im unteren Bereich die sogenannte Taskleiste, die laufende Programme anzeigt und links das sogenannte Start-Symbol beherbergt, mit dem viele weitere Funktionen aufgerufen werden können. Doch zunächst sollten Sie sich über das Bedienkonzept eines Rechners ein paar Gedanken machen, beispielsweise wie man ein Fenster öffnet, vergrößert, verschiebt und wieder schließt.

***Nach dem ersten Start des Systems werden Sie vom sogenannten Desktop begrüßt, auf dem verschiedene Symbole, die sogenannten Icons, verteilt sind.***

## Wie nutze ich die Maus?

Bevor Sie den PC und die Programme nutzen können, müssen Sie sich mit der Maus vertraut machen. Sie verfügt über mindestens zwei Tasten sowie ein Scrollrad und ist neben der Tastatur das wichtigste Eingabegerät. Wenn Sie Ihre Hand auf die Maus legen, sollte der Daumen der rechten Hand am linken Rand der Maus und der Zeigefinger auf der linken Maustaste liegen. Der Mittelfinger wird auf der rechten Maustaste platziert. Durch Bewegen der Maus steuern Sie den Cursor bzw. Mauszeiger auf dem Bildschirm. Gehen Sie dabei ruhig vor, um den Mauszeiger nicht aus den Augen zu verlieren.

Die Maustasten kommen zum Einsatz, wenn eine Aktion ausgeführt werden soll. Dafür wird die Taste einmal kurz gedrückt. Bei manchen Aktionen ist auch ein sogenannter „Doppelklick" nötig, beispielsweise wenn Sie ein Programm starten möchten. Dafür wird eine Taste zweimal kurz hintereinander gedrückt. Mit der Maus können Sie aber auch einen Textabschnitt in einem Textverarbeitungsprogramm wie Word markieren. Hierfür müssen Sie mit dem Cursor an den Anfang des Abschnitts fahren, den Sie markieren möchten. Drücken Sie dann die linke Maustaste und halten Sie diese gedrückt. Fahren Sie anschließend mit der Maus den Bereich ab, der markiert werden soll. Der markierte Teil wird bei den meisten Programmen farbig hinterlegt. Üben Sie den Umgang mit der Maus, bis Sie ein Gefühl dafür bekommen.

## Warum hat eine Maus zwei Tasten?

Die linke Maustaste wird meist genutzt, um eine Aktion auszulösen, beispielsweise um ein Programm aufzurufen, eine Datei zu markieren oder den Cursor in einer Textverarbeitung zu aktivieren. Die rechte Maustaste öffnet häufig ein sogenanntes Kontextmenü, ein Auswahlfeld mit verschiedenen Funktionen, z. B. zur Auswahl bestimmter Einstellungen. Außerdem verfügen die meisten Mäuse noch über ein Scrollrad, das zwischen den beiden Tasten liegt und sich einfach mit dem Zeigefinger bedienen lässt. So können u. a. große Dokumente, die nicht in einem Stück auf den Bildschirm passen, verschoben werden. Grundsätzlich ist die Funktionsweise der Maus aber vom jeweiligen Programm abhängig. Haben Sie die Grundfunktionen der Maus verinnerlicht, können Sie nun ein paar Bewegungsabläufe damit üben.

Ein Programm können Sie auf verschiedenen Wegen öffnen. Wurde beispielsweise ein Programm-Icon auf dem Desktop abgelegt, können Sie dieses einfach mit einem Doppelklick auf das Icon öffnen. Das Programm wird dann in einem eigenen Fenster angezeigt. Allerdings haben nicht alle Programme eine eigene Verknüpfung auf dem Desktop.

## Wie öffne ich ein Programm?

Die Schaltfläche „Start" wird unter Windows 7 mit einem runden Windows-Symbol gekennzeichnet. Fahren Sie einfach mit Ihrem Mauszeiger über die Schaltfläche und betätigen Sie die linke Maustaste. Schon öffnet sich ein Menü mit verschiedenen Programm-Icons und der Schaltfläche „Alle Programme", die Sie zu einer Liste mit den installierten Programmen führt.

***Für gewöhnlich finden Sie alle installierten Programme über die Schaltfläche „Start", die sich links unten am Bildschirm befindet.***

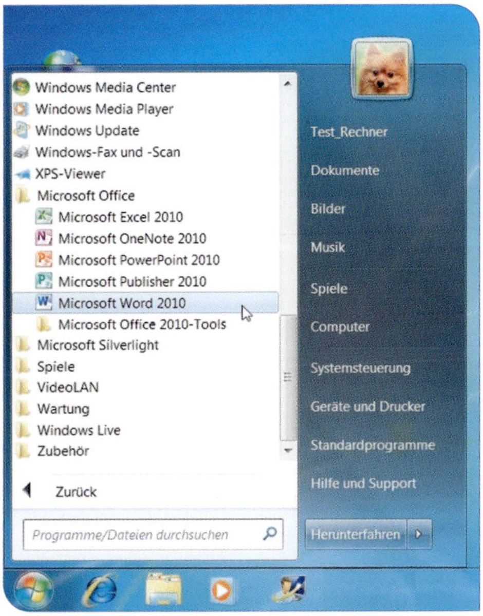


***Über die Schaltfläche „Start" können Sie diese Programmliste aufrufen. Das gerade ausgewählte Programm wird blau hinterlegt.***

Wenn Sie mit dem Mauszeiger über die Programmnamen fahren, werden diese jeweils blau unterlegt, d. h. ausgewählt. Wenn Sie jetzt auf die linke Maustaste drücken, wird das ausgewählte Programm, in unserem Beispiel Microsoft Word 2010, aufgerufen und die Programmliste verschwindet.

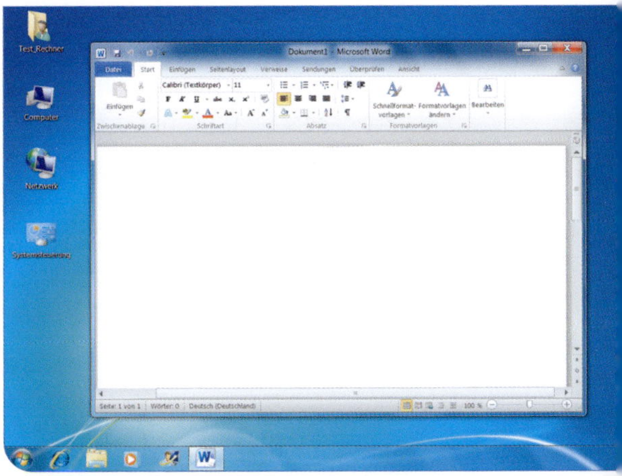


***Das Programmfenster wird auf dem Desktop geöffnet.***

## Lässt sich die Fenstergröße anpassen?

Die Fenstergröße können Sie auf verschiedene Weisen anpassen. Beispielsweise finden Sie am oberen rechten Rand des Fensters drei kleine Symbole: einen Strich, ein Viereck und ein rot hinterlegtes X. Ein Klick auf den Strich minimiert das Fenster, sodass es in der Taskleiste am unteren Bildschirmrand verschwindet, aber noch nicht geschlossen wird. Dass das Programm noch aktiv ist, erkennen Sie an einem kleinen Symbol auf der Taskleiste. Das Quadrat maximiert das Fenster über den gesamten Bildschirm. In der Regel bleibt die Taskleiste am unteren Bildschirmrand weiterhin sichtbar. Alternativ erhalten Sie diesen Effekt, wenn Sie den Mauszeiger auf die obere Leiste, die sogenannte Titelleiste, des Programmfensters führen und dort einen Doppelklick mit der linken Maustaste durchführen. Zum Verkleinern des Fensters führen Sie erneut einen Doppelklick auf der Titelleiste durch. Mit dem X-Symbol wird das Programm beendet. Das Fenster schließt sich dann automatisch und es wird kein Programmsymbol mehr in der Taskleiste angezeigt.

Außerdem können Sie die Fenstergröße ganz individuell anpassen. Bewegen Sie den Mauszeiger langsam auf den Fensterrand zu. Wenn der Mauszeiger hier seine Form zu einem Doppelpfeil ändert, können Sie den Fensterrand erfassen und ganz nach Belieben verschieben. Dazu drücken und halten Sie die linke Maustaste und verschieben die Maus. Wollen Sie die Fensterhöhe und -breite parallel anpassen, dann erfassen Sie auf gleiche Weise eine Fensterecke und verschieben diese mit der Maus.

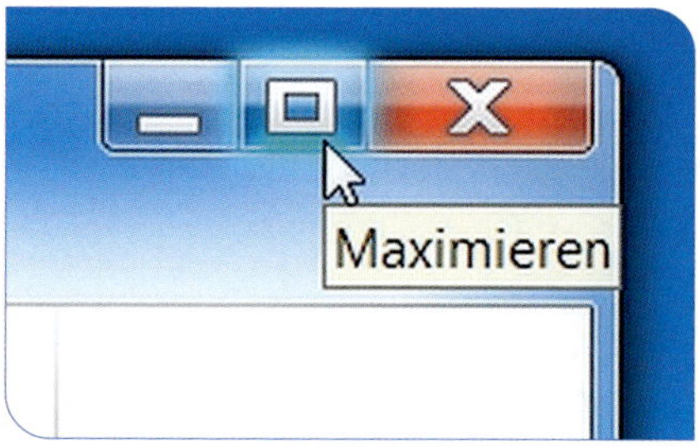


***Mit einem Klick auf eines dieser Symbole können Sie ein Fenster minimieren, maximieren oder schließen.***

***Sie können den Fensterrahmen auch mit dem Mauszeiger anpassen.***

### Warum hat sich das Fenster verschoben?

Sie wollten die Fenstergröße anpassen, stattdessen haben Sie aber das Programmfenster verschoben? Das kann passieren, wenn Sie den Mauszeiger nicht präzise platziert haben. Das komplette Fenster können Sie verschieben, indem Sie den Mauszeiger auf die Titelleiste im oberen Bereich des jeweiligen Fensters führen und die linke Maustaste drücken und gedrückt halten. Verschieben Sie nun das Fenster. Sobald Sie die linke Maustaste loslassen, wird das Fenster nicht mehr bewegt.

### Wie lassen sich Fensterinhalte verschieben?

Sollten Dokumentinhalte nicht komplett auf das Display passen, ist es sinnvoll, den sichtbaren Bereich eines Dokuments so zu verschieben, dass immer der zu bearbeitende Abschnitt angezeigt wird. Die meisten Windows-Programme bieten dafür eine sogenannte Bildlaufleiste an. Die Bildlaufleiste ist in der Regel rechts und unten im Fenster zu finden und wird immer dann eingeblendet, wenn das Dokument für den sichtbaren Bereich zu groß ist.

Um den sichtbaren Bereich eines Dokuments nach oben oder unten zu verschieben, bringen Sie den Mauszeiger auf einen der Schieberegler rechts oder unten in der Bildlaufleiste. Wenn Sie die linke Maustaste gedrückt halten und die Maus nach oben oder unten ziehen, verschiebt sich mit dem Schieberegler der Dokumentinhalt. Hierzu können Sie auch das Scrollrad Ihrer Maus benutzen, das Sie mit dem Zeigefinger rauf bzw. runter drehen. Verschiedene Programme bieten zudem die Möglichkeit, ein Dokument mit dem Scrollrad horizontal zu verschieben, wobei meist parallel eine Taste gedrückt werden muss.

***Um den sichtbaren Bereich eines Fotos zu verschieben, können Sie die Bildlaufleisten nutzen.***

**Tipp:** Nutzen Sie die Bildlaufleiste, wenn Sie ein Dokument in einem Fenster verschieben wollen. Am einfachsten geht das, wenn Sie mit dem Mauszeiger auf die Dreiecks-Symbole klicken.

# Menüs, Symbolleisten und Icons

Moderne Computerprogramme bieten eine Fülle an Funktionen und Einstellmöglichkeiten, von denen nur die wichtigsten am Bildschirm angezeigt werden können. Weitere Funktionen sind systematisch gegliedert in Menüs zu finden, die über die Symbolleiste angesteuert werden können. Diese befindet sich bei vielen Windows-Programmen horizontal oder vertikal am Fensterrand und ist z. B. mit Begriffen wie „Datei", „Ansicht" oder „Einfügen" versehen, mit denen weitere Funktionen und Einstellmöglichkeiten gemeint sind, die Sie hier mit einem Mausklick abrufen können.

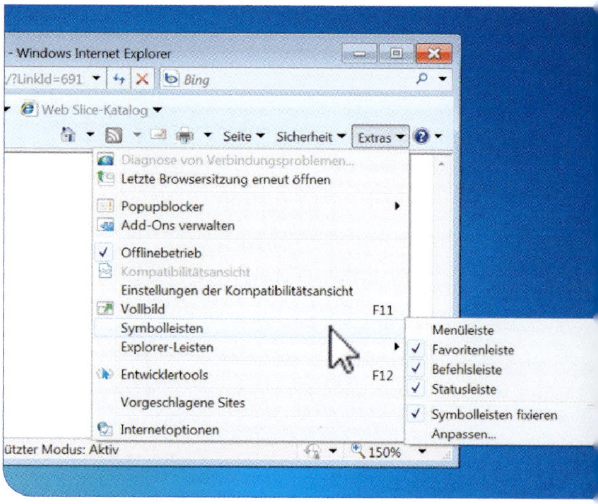


***Das klassische Pull-down-Menü führt zu weiteren Funktionen und Einstellungen und basiert meistens auf Text.***

### Was ist ein Menü?

Wenn Sie auf einen der oben genannten Begriffe klicken, öffnet sich ein Menü: ein kleines Fenster mit vielen weiteren Begriffen, die sich von Programm zu Programm unterscheiden, wird ausklappt und daher auch als Pull-down-Menü bezeichnet. Häufig finden Sie unter dem Eintrag „Datei" Funktionen wie „Speichern" (die geöffnete Datei wird gespeichert), „Drucken" (die Datei wird an den Drucker ausgegeben) oder „Beenden" (das Programm wird beendet). Außerdem können sich die Menüs in Untermenüs verzweigen, die Sie zu weiteren Optionen oder Menüs führen.

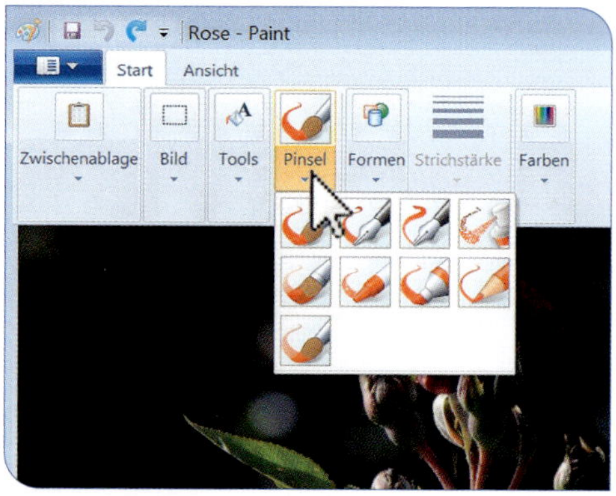


***Viele Menüs unter Windows 7 blenden die wichtigsten Funktionen im Menüband mit einem Symbol ein und verzweigen sich, wenn man mit der Maus darauf klickt.***

## Gibt es weitere Menüs?

Natürlich gibt es weitere Menüs, z. B. das Kontextmenü, das Funktionen zu bestimmten Bereichen eines Dokuments oder Programms beherbergt. Sie öffnen es mit der rechten Maustaste oder der Kontextmenü-Taste, die Sie neben der AltGr-Taste auf Ihrer Windows-Tastatur finden. Das Kontextmenü ist wie ein Pulldown-Menü aufgeteilt. Einzelne Einträge werden mit dem Mauszeiger ausgewählt und der linken Maustaste aufgerufen.

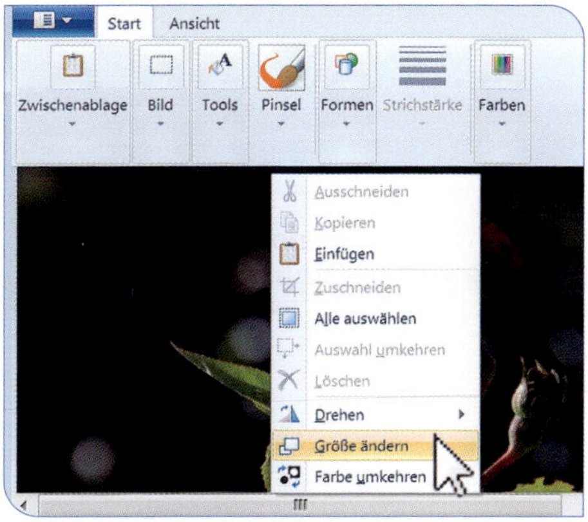


***Das Kontextmenü wird mit der rechten Maustaste geöffnet.***

## Was ist eine Symbolleiste?

Neben den Menüs bieten viele Windows-Programme Symbolleisten, die einen schnellen Zugriff auf Funktionen erlauben. Sie lassen sich individuell anpassen, sodass der Anwender schnell auf Funktionen zugreifen kann, die normalerweise tief in den Menüstrukturen einer Software verborgen sind. Beispielsweise befindet sich der Druckbefehl bei vielen Programmen unter dem Reiter „Datei". Alternativ findet man ihn aber auch als Drucksymbol auf der Symbolleiste. So reicht ein Mausklick aus, um ein Dokument an den Drucker zu senden. In der Regel kann die Symbolleiste unter dem Reiter „Ansicht" ein- oder ausgeblendet und individuell angepasst werden.

***Sie können das Kontextmenü auch mit der Kontexttaste auf Ihrer Windows-Tastatur öffnen.***

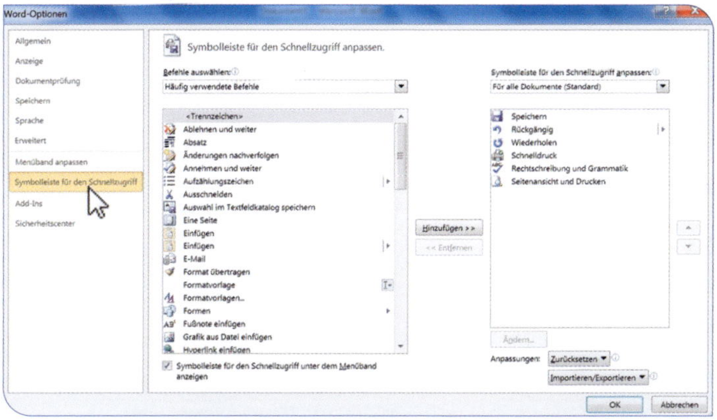


***Unter Microsoft Word 2010 können Sie die Symbolleiste und das Menüband individuell anpassen.***

# Das Schubladensystem bei Windows

Nun kennen Sie die wichtigsten Bedienfunktionen von Windows, die in anderen Betriebssystemen mit grafischer Benutzeroberfläche ähnlich strukturiert sind. Zusätzlich lernen Sie jetzt das Ordnersystem von Windows PCs kennen und erfahren, wo welche Daten gespeichert werden. Außerdem gibt es verschiedene Dateitypen, z. B. Bilddateien und Text- oder Videodaten. Wie man diese erkennt und was im Umgang mit Daten, Ordnern und Verzeichnissen zu beachten ist, besprechen wir im folgenden Abschnitt.

## Was ist eine Datei?

Alle digitalen Informationen liegen auf dem Rechner als Datei vor: ein Brief als Textdatei, ein Bild als Bilddatei und ein Musikstück als Musikdatei. Auch das Betriebssystem und andere Programme sind in einzelne Dateien aufgeteilt, mit denen Sie aber in der Regel nicht in Berührung kommen.

## Wie unterscheide ich die Dateien?

Dateien werden anhand des Namens und der Endung, die durch einen Punkt voneinander getrennt sind, unterschieden. Auch das Icon, ein kleines Vorschaubild, das in der Übersicht eingeblendet wird, sowie die Dateigröße helfen beim Identifizieren.

Der Dateiname ist bei Programmdateien meist vorgegeben, bei Ihren Daten (z. B. bei Bildern oder Textdokumenten),

***In den Ordnerfenstern von Windows werden die Dateien gut strukturiert angezeigt.***

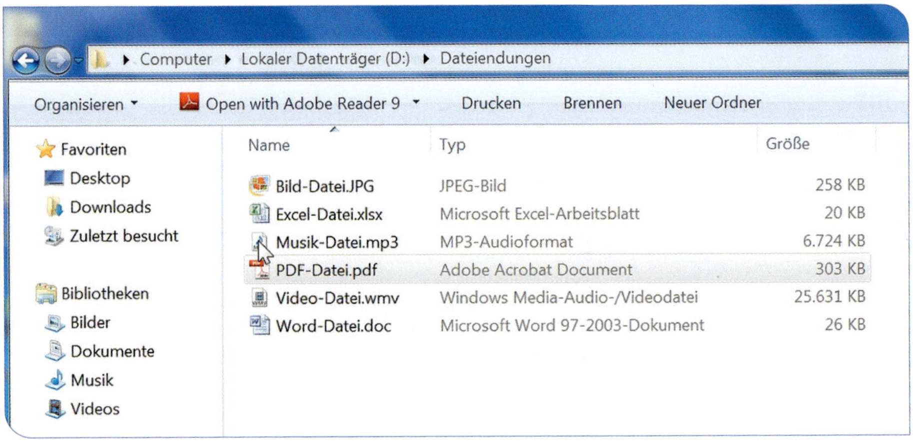

können Sie ihn selber bestimmen. Wählen Sie den Dateinamen mit Bedacht, um eine Datei auch noch nach Jahren schnell zuordnen zu können. Der Name einer Datei sollte einen Bezug zum Inhalt haben. Beispielsweise ein Urlaubsbild von 2007, das Sie im Sommerurlaub in Südtirol aufgenommen haben, könnte mit „Urlaub 2007 Südtirol" bezeichnet werden. So können Sie bereits anhand des Dateinamens den Inhalt erkennen und müssen die Datei nicht extra öffnen.

Ein weiteres Merkmal ist die Datei-Endung. Jeder Dateityp, z. B. Text, Bild oder Musik, hat eine eigene Datei-Endung, die durch einen Punkt vom Dateinamen getrennt ist. Dateien, die unter Microsoft Word 2010 abgespeichert werden, bekommen beispielsweise die Endung „docx". Es gibt aber noch weitere Textformate, die entsprechend andere Endungen haben. Das Gleiche gilt für Fotos und Videos. Je nach Foto- oder Video-Format bekommt die Datei eine entsprechende Endung. Die wichtigsten Datei-Endungen unter Windows finden Sie in der unteren Tabelle. Die Datei-Endung dient aber nicht nur Ihnen um eine Datei zuzuordnen, sondern auch dem Betriebssystem. Nur mit der korrekten Datei-Endung weiß dieses, mit welchem Programm es die Datei öffnen kann und welches Symbol-Icon im Verzeichnis-Fenster der Datei zugeordnet werden soll. In der Standardeinstellung von Windows 7 werden bekannte Datei-Endungen nicht angezeigt, allerdings der Dateityp. Wenn Sie die Endungen sehen möchten, dann folgen Sie unserer Schritt-für-Schritt-Anleitung, denn Windows 7 lässt sich detailliert den Wünschen des Anwenders anpassen.

**Die wichtigsten Dateitypen unter Windows im Überblick:**

| Datei-Endung | Bezeichnung |
|---|---|
| DOC | Textdokument Microsoft Word 2003 |
| DOCX | Textdokument Microsoft Word 2007/2010 |
| EXE | eine ausführbare Programmdatei |
| HLP | Hilfedatei unter Windows |
| HTML | Dateiformat für Internetseiten |
| JPG | komprimierbare Bilddatei |
| MP3 | verbreitetes komprimierbares Audioformat |
| PDF | Format zum Dokumentenaustausch von Adobe |
| TIF | Dateiformat für digitale Bilder |
| TXT | eine einfache Textdatei |
| WMV | Videoformat von Microsoft |
| XLS | Tabellendokument Microsoft Excel 2003 |
| XLSX | Tabellendokument Microsoft Excel 2007/2010 |

## So machen Sie die Datei-Endung sichtbar:

### Schritt 1

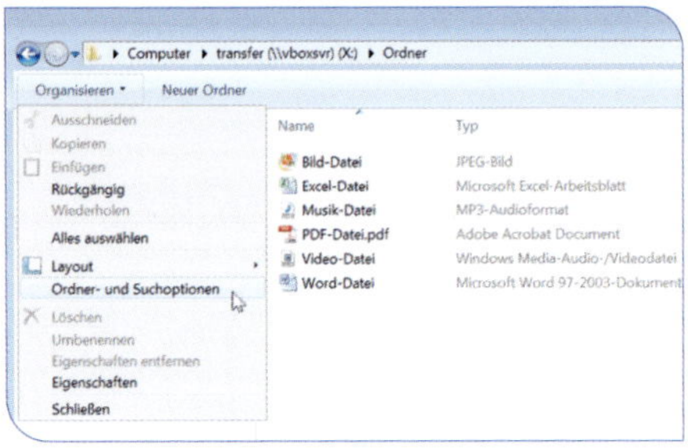


***Öffnen Sie das Pull-down-Menü „Organisieren" im Verzeichnis-Fenster und klicken Sie auf den Eintrag „Ordner- und Suchoptionen".***

### Schritt 2

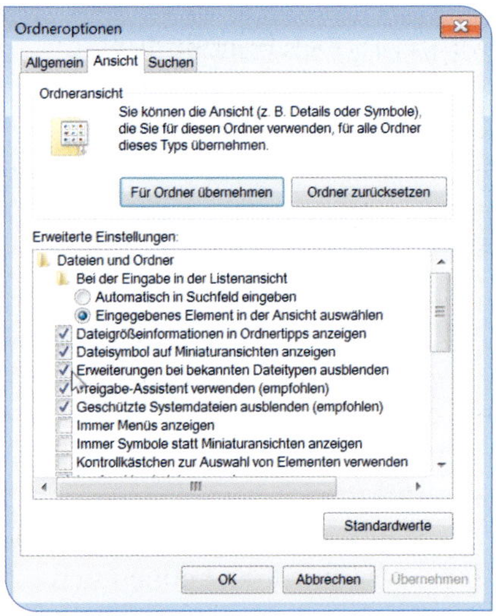


***Klicken Sie auf den Reiter „Ansicht" und entfernen Sie den Haken beim Eintrag „Erweiterungen bei bekannten Dateitypen ausblenden" mit einem Mausklick.***

### Schritt 3

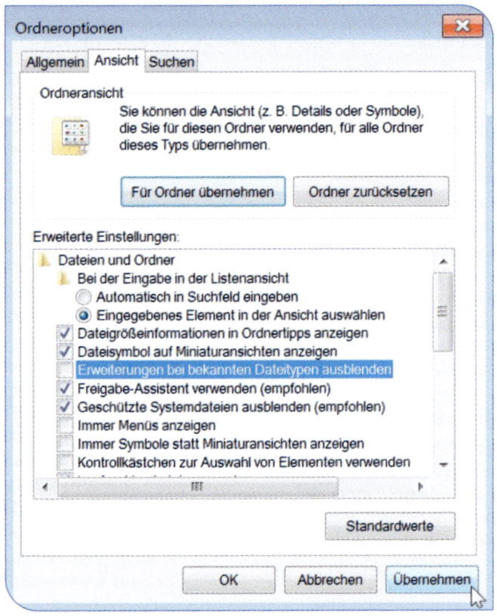


***Übernehmen Sie die Änderungen mit einem Klick auf die Schaltfläche „Übernehmen".***

### Schritt 4

***Schon werden die Dateierweiterungen angezeigt.***

## Gibt es verschiedene Dateiformate?

Verschiedene Programme haben ihre eigenen Dateiformate, unter denen sich einige etabliert haben, die sich auf verschiedene Weise öffnen lassen, z. B. das Bildformat JPG, das sowohl von vielen Digitalkameras als auch von fast allen Bildbearbeitungsprogrammen genutzt und bearbeitet werden kann. Anders ist es beim sogenannten RAW-Format, einem Rohdatenformat für digitale Bilder von hochwertigen Kameras. Hier werden die Daten unbearbeitet und unkomprimiert gespeichert und müssen mit herstellerspezifischen Programmen geöffnet werden.

## Wo finde ich die Dateien?

Dateien werden unter Windows und vergleichbaren Betriebssystemen in digitale Ordner abgelegt, die mit den Ablagesystemen eines Büros vergleichbar sind. Die Ablagestruktur ist vorgegeben, kann für eigene Dateien jedoch variiert werden. Die Daten werden meistens auf einer der Festplatten gespeichert, es können aber auch Flash-Speicher (z.B. ein USB-Stick) oder beschreibbare DVDs oder CDs genutzt werden.

## Wo finde ich den Speicher?

Die verschiedenen Speicherorte Ihres Computers finden Sie mittels des Datei-Explorers von Windows (aufrufbar mit der Tastenkombination des Windows-Symbols und der E-Taste), der Laufwerke, Netzwerke etc. darstellt.

Wir konzentrieren uns zunächst auf den Bereich „Computer", den Sie in der linken Leiste auswählen können.

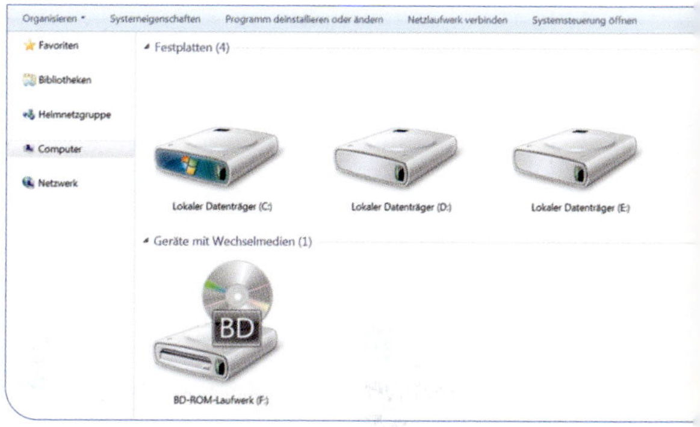


***Wenn Sie den „Computer" im Explorer-Fenster aufrufen, sehen Sie alle lokalen Datenträger, die Laufwerke in Ihrem Rechner.***

Jedem Laufwerk ist unter Windows 7 ein Buchstabe und ein Symbol-Icon zugeordnet. Die Festplatten, hier C, D und E, haben ein anderes Symbol als das Laufwerk für optische Discs, hier F, das zur Wiedergabe von CDs, DVDs und Bluray-Discs genutzt werden kann. Zudem ist das Laufwerk C mit einem Windows-Symbol gekennzeichnet. Das bedeutet, dass sich auf diesem Laufwerk das Betriebssystem mit all seinen Dateien befindet. Die Zuordnung von Buchstaben und Laufwerken kann von Rechner zu Rechner variieren. Auch die Namen der Laufwerke können sich unterscheiden und lassen sich beliebig ändern. Dazu müssen Sie einfach mit dem Mauszeiger das Laufwerk markieren (mit der linken Maustaste anklicken) und die F2-Taste drücken. Schon können Sie dem Laufwerk einen anderen Namen geben.

## Wie ist ein Laufwerk strukturiert?

Die Laufwerke sind in verschiedene Ordner unterteilt, in denen sich die Daten befinden (vergleichbar mit den Ordnern eines Aktenschranks). Für einen guten Datenüberblick sollten Laufwerk und Ordner aussagekräftig benannt werden. Ein Ordner kann Dateien aber auch Unterordner enthalten, die wiederum mit Daten gefüllt sind. Diese Verzweigungen sind sinnvoll, z.B. beim Ordnen großer Bildersammlungen. Der Basisordner könnte z.B. „Fotos" heißen, ein Unterordner „2010". Dieser kann wieder in einzelne Unterordner geteilt werden, die dann die Bilder vom Urlaub, der Weihnachtsfeier oder dem Betriebsausflug aus dem Jahr 2010 enthalten.

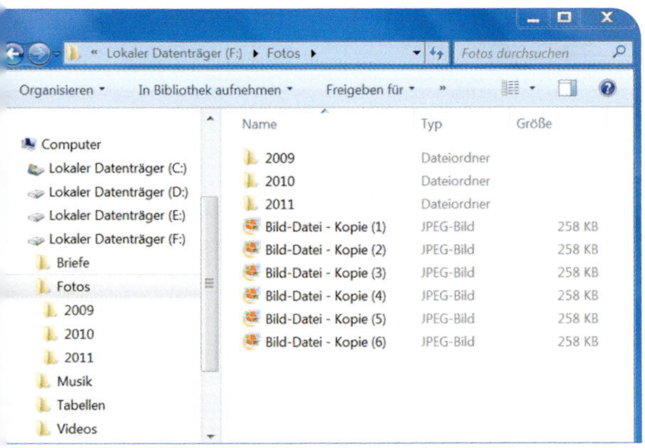


***Im Datei-Explorer von Windows 7 können Sie Ihre Ordnerstruktur gut abbilden und durch die einzelnen Elemente klicken***

## Wie lassen sich Ordner sortieren?

Die Struktur des Windows-Dateisystems sollte nun klar sein. Doch wie legt man eigene Ordner an, sortiert diese und verschiebt oder kopiert sie bei Bedarf? Das ist zum Glück relativ einfach. Wenn Sie einen neuen Ordner bzw. ein Verzeichnis anlegen wollen, öffnen Sie zunächst den Datei-Explorer (Tastenkombination „Windows-Taste + E"). Fahren Sie nun mit dem Mauszeiger über den Bereich mit der Ordner-Liste und wählen Sie einen leeren Bereich. Drücken Sie dann die rechte Maustaste um das Kontextmenü zu öffnen. Hier wählen Sie den Eintrag „Neu" und dann „Ordner". Schon wird im aktuellen Verzeichnis ein Ordner erstellt. Der Ordnername ist farbig unterlegt und kann bearbeitet werden. Geben Sie einen passenden Namen über die Tastatur ein. Haben Sie versehentlich die Eingabetaste gedrückt, wird dem Ordner automatisch ein Name zugewiesen. Um diesen zu ändern, müssen Sie einfach den Ordner mit der linken Maustaste markieren und die F2-Taste drücken. Alternativ hilft auch bei diesem Problem das Kontextmenü. Fahren Sie mit dem Mauszeiger auf den Ordnernamen und drücken Sie die rechte Maustaste. Wählen Sie im Kontextmenü den Eintrag „Umbenennen". Schon wird der Name farbig hinterlegt und kann bearbeitet werden.

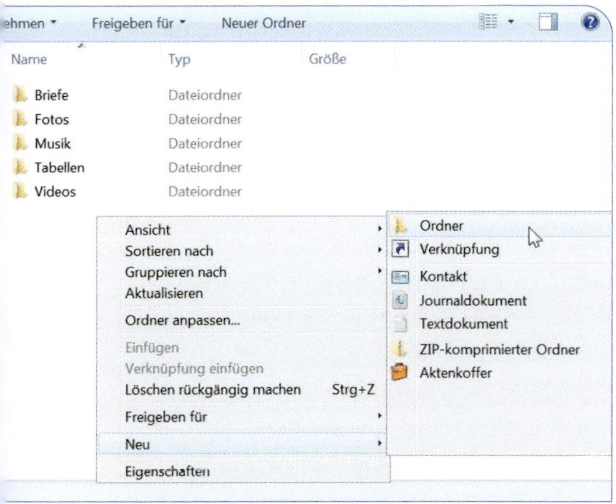


***Wenn Sie einen neuen Ordner anlegen möchten, dann öffnen Sie im Datei-Explorer einfach dieses Kontextmenü und wählen den Eintrag „Neu/Ordner".***

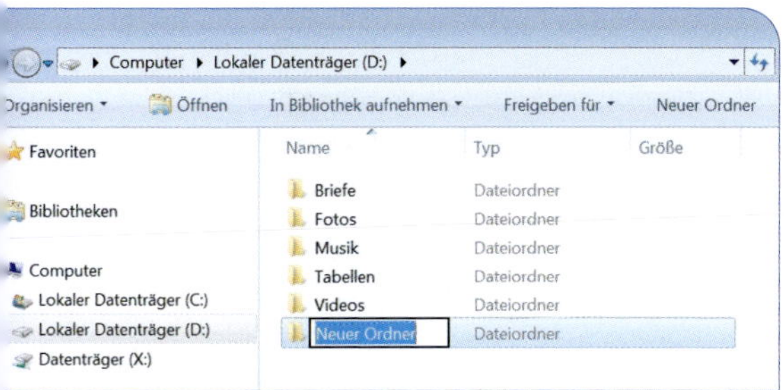


***Dem neuen Ordner können Sie nun einen Namen geben.***

## Kann ich mehrere Ordner gleichzeitig umbenennen?

Sie können auch mehrere Ordner umbenennen. Markieren Sie hierfür alle oder nur ausgewählte Verzeichnisse. Wenn Sie alle angezeigten Ordner markieren wollen, verwenden Sie die Tastenkombination „Strg + A". Wollen Sie nur bestimmte Verzeichnisse markieren, dann nutzen Sie die Maus und eine zusätzliche Taste. Halten Sie z. B. die Strg-Taste gedrückt, können Sie einzelne Ordner mit einem Mausklick markieren und mit einem zweiten die Markierung aufheben. Halten Sie die Shift-Taste (Umschalt-/Hochstell-Taste) gedrückt, um eine Reihe an Ordnern zu markieren. Klicken Sie zwei Ordner an. Diese und alle Ordner, die zwischen den ausgewählten liegen, sind nun markiert. Um die markierten Ordner umzubenennen, drücken Sie die F2-Taste, geben einen Namen ein und bestätigen die Eingabe mit der Return-Taste. Alle Ordner bekommen nun denselben Namen mit Ausnahme einer laufenden Nummer.

***Es lassen sich auch gleich mehrere Ordner gleichzeitig neu benennen.***

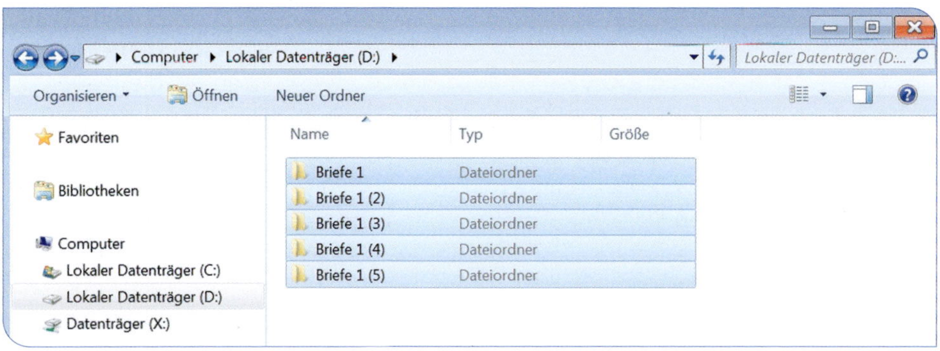

## Wie kann ich Daten kopieren?

Ordner und Dateien können aber nicht nur erzeugt und umbenannt werden, man kann sie auch kopieren, verschieben oder löschen. Auch diese Befehle finden Sie im Kontextmenü. Markieren Sie eine Datei und drücken die rechte Maustaste wie gewohnt. Alternativ zum Kontextmenü können Sie auch die Tastenkombination „Strg + C" wählen, um eine Datei zu kopieren. Damit wird die Datei zunächst in die Zwischenablage kopiert. Wechseln Sie nun in einen anderen Ordner. Hier können Sie wieder das Kontextmenü öffnen und die Datei mit dem Eintrag „Einfügen" (oder mit „Strg + V") in das ausgewählte Verzeichnis kopieren. Die Datei befindet sich nun in beiden Ordnern. Wollen Sie die Datei jedoch direkt im Quellordner löschen, dann sollten Sie den Befehl „Ausschneiden" aus dem Kontextmenü wählen oder die Tastenkombination „Strg + X" drücken. Nun können Sie die Datei in ein anderes Verzeichnis einfügen. Im Quellordner wird die Datei automatisch gelöscht.

## Lassen sich Daten mit der Maus verschieben?

Sie können Dateien und Ordner unter Windows auch mit der Maus von A nach B verschieben, kopieren oder eine Verknüpfung erstellen. Erfassen Sie mit dem Mauszeiger einen Ordner, den Sie verschieben möchten. Fahren Sie dazu mit dem Mauszeiger über den Ordner und drücken und halten Sie die linke Maustaste. Nun können Sie den Ordner beispielsweise in einen anderen Ordner kopieren. Schieben sie ihn dafür über den Zielordner und lassen Sie die linke Maustaste los. Ob Sie den Ordner kopieren, verschieben oder eine Verknüpfung erstellen wollen, können Sie durch Drücken einer zusätzlichen Taste festlegen: Drücken Sie die Strg-Taste, wenn Sie den Ordner kopieren wollen, drücken Sie die Shift-Taste, wenn Sie den

***Erfassen Sie einen Ordner mit dem Mauszeiger und halten Sie dabei die linke Maustaste gedrückt, um diesen zu verschieben.***

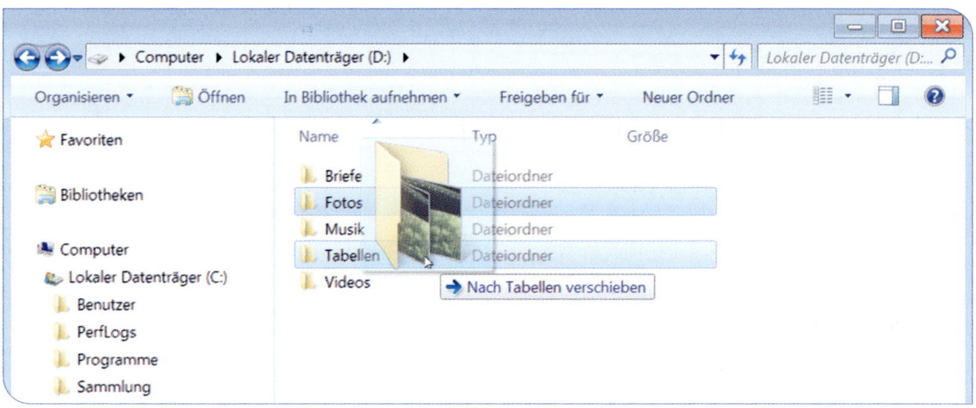

Ordner verschieben wollen, drücken Sie die Alt-Taste, wenn Sie mit dem erfassten Ordner eine Verknüpfung erstellen wollen.

### Was ist eine Verknüpfung?

Wenn Sie einen Ordner kopieren, wird der komplette Inhalt von A nach B kopiert, d. h., die Daten liegen im neuen Ordner vor und benötigen auch entsprechend Speicherplatz. Deutlich weniger Platz braucht eine Verknüpfung, die als Pfadfinder zur eigentlichen Datei dient. Haben Sie also eine Datei in Ordner A und eine Verknüpfung in Ordner B, wird beim Anklicken der Verknüpfung die Datei in Ordner A geöffnet.

### Wie kann ich Daten löschen?

Natürlich lassen sich Dateien und Ordner nicht nur kopieren oder verschieben. Werden Sie nicht mehr gebraucht, können sie auch gelöscht werden. Dazu markieren Sie einfach das Element mit dem Mauszeiger und wählen den Eintrag „Löschen" aus dem Kontextmenü. Alternativ können Sie auch die Taste „Entf" (Entfernen) drücken. Windows hat beim Löschvorgang ein Sicherheitsnetz eingebaut und verschieb die Daten zunächst in einen virtuellen Papierkorb. Von hier aus lassen sich die Daten wiederherstellen, falls einmal etwas zu schnell gelöscht wurde. Öffnen Sie dazu einfach den Papierkorb mit einem Doppelklick und wählen Sie die Datei aus, die Sie wiederherstellen möchten. Im Kontextmenü der Datei finden Sie den Eintrag „Wiederherstellen". Um die Daten endgültig zu löschen, müssen Sie im Kontextmenü des Papierkorbs einfach auf „Papierkorb leeren" klicken.

***So sieht der Papierkorb von Windows aus, wenn noch keine Daten gelöscht wurden.***

***Nach dem Löschen von Daten wird der Papierkorb gefüllt angezeigt.***

***Um den Papierkorb zu leeren, müssen Sie im Kontextmenü den Eintrag „Papierkorb leeren" auswählen.***

# Programme starten

Als wichtige Startplattform zu Programmen, Einstellungen und Dokumenten dient zusätzlich die Start-Taste, die in der Taskleiste am unteren Bildschirmrand von Windows 7 zu finden ist.

***Über die Start-Taste lassen sich Programme und Einstellungen finden.***

Klicken Sie mit der linken Maustaste auf die Schaltfläche „Start", die durch das Windows-Symbol gekennzeichnet ist, und öffnen Sie so das Startmenü. Im Menü finden Sie die von Ihnen zuletzt aufgerufenen Programme, die Sie mit einem Mausklick erneut aufrufen können. Möchten Sie ein anderes Programm öffnen, dann fahren Sie mit dem Mauszeiger über den Eintrag „Alle Programme" um in das Programmmenü zu wechseln. Hier finden Sie eine Liste mit allen installierten Programmen Ihres Rechners. Einige der Programme werden als Icon angezeigt, andere befinden sich in Ordnern. Wenn Sie beispielsweise Microsoft Office installiert haben, finden Sie Programme wie Word, Excel & Co in dem entsprechenden Ordner.

Das mit dem Mauszeiger ausgewählte Programm wird, je nach dem verwendeten Farbschema, farbig unterlegt. Wollen Sie ein Programm oder einen Ordner öffnen, dann klicken Sie diesen mit der linken Maustaste einfach an. Das ausgewählte Windowsprogramm wird dann in einem Fenster geöffnet, das sie nach Ihren Vorstellungen anpassen können.

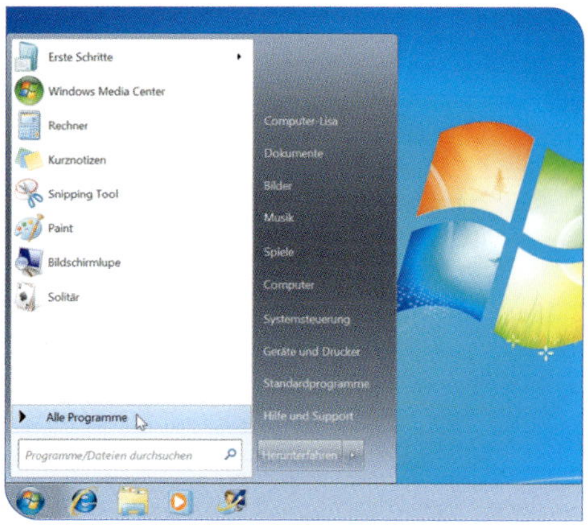


***Wenn Sie auf diesen Button klicken, öffnet sich eine Liste mit den hier installierten Programmen.***

Unter Windows können Sie mehrere Programme parallel öffnen. So kann ein E-Mail-Programm im Hintergrund geöffnet bleiben und parallel kann man einen Brief schreiben oder ein Bild bearbeiten. Welche Programme gerade geöffnet sind, sehen Sie am schnellsten an den Programm-Symbolen in der Taskleiste. Außerdem können Sie hier

Schnellstart-Schaltflächen für einzelne, häufig verwendetet Programme hinterlegen. Wie das geht, erklären wir später.

***In der Taskleiste finden Sie die geöffneten Programme. Hier: Word, Excel und Paint (v. l. n. r.).***

## Wie kann ich zwischen Programmen wechseln?

Um zwischen den offenen Programmfenstern zu wechseln, habe Sie mehrere Möglichkeiten: Beispielsweise können Sie einfach in das Fenster oder das Symbol in der Taskleiste klicken, um dieses zu aktivieren. Schon wird das Programmfenster in den Vordergrund geblendet und Sie können damit arbeiten. Klicken Sie erneut auf das Symbol auf der Taskleiste, um das Programmfenster zu minimieren. Alternativ stehen auch noch Tastenkürzel zur Verfügung, beispielsweise „Alt+Tab“. Halten Sie die Alt-Taste gedrückt und drücken Sie die Tab-Taste so oft, bis in dem kleinen Vorschaufenster das gewünschte Programm markiert ist.

***Mit der Tastenkombination „Alt+Tab“ können Sie zwischen den geöffneten Programmen wechseln.***

***Wenn Sie die Tastenkombination „Alt+Tab“ nutzen, erscheinen alle offenen Programme in einem solchen Vorschaufenster.***

Außerdem bietet Windows zum Programmwechsel noch eine weitere Option. Wenn Sie ein Aero-Design für Windows 7 ausgewählt haben, können Sie mit der Tastenkombination „Windows-Taste+Tab“ zwischen den Programmen wechseln. Auch hier gilt: Halten Sie die Windows-Taste gedrückt und betätigen Sie die Tab-Taste so oft, bis das gewünschte Programm markiert ist. Windows animiert diesen Wechsel aufwendig in 3D auf dem Bildschirm.

**Tipp:** Je mehr Programme Sie parallel geöffnet haben, desto weniger Systemressourcen bleiben den einzelnen Programmen.

## Gibt es weitere Tastenkürzel?

Windows 7 – und viele der Vorgängerversionen – können mit verschiedenen Tastenkürzeln bedient werden. Die wichtigsten haben wir hier für Sie in einer Tabelle zusammengestellt. Beispielsweise wurde in Windows 7 die sogenannte Snap-Funktion integriert, mit der Sie Programmfenster entweder mit dem Mauszeiger oder einer Tastenkombination bequem ausrichten können, z. B. wenn Sie zwei Dokumente nebeneinander öffnen und vergleichen wollen.

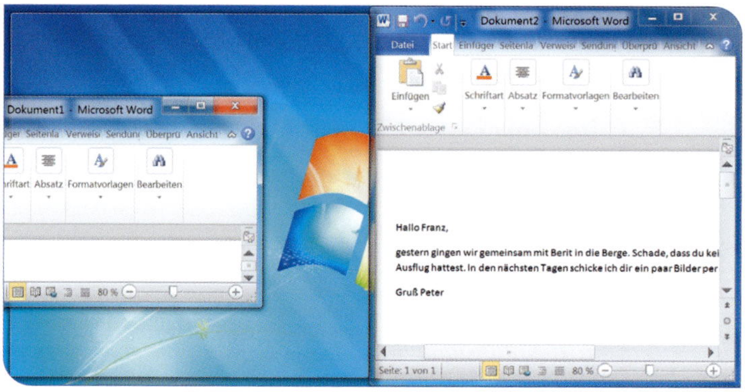


*Verschieben Sie einfach ein Fenster an den Bildschirmrand, um es auf halbe Bildschirmgröße zu vergrößern.*

Greifen Sie das Programmfenster einfach mit dem linken Mauszeiger an der Titelleiste und verschieben Sie es an den rechten oder linken Bildschirmrand. Wenn Sie mit dem Mauszeiger am Bildschirmrand anstoßen, wird ein Umriss des Fensters angezeigt, das den halben Bildschirm füllt. Wenn Sie den Mauszeiger nun loslassen, wird das Programmfenster auf den Umriss vergrößert. Fahren Sie mit einem weiteren Programmfenster auf der anderen Bildschirmseite in gleicher Weise fort. Nun haben Sie beide Programmfenster nebeneinander geöffnet und können die Dokumente, z. B. Texte oder Bilder, gut vergleichen.

## Kann ich Programme mit einer Taste öffnen?

Mit Tastenkombinationen können Sie aber nicht nur Aktionen ausführen, sondern auch wichtige Programme direkt aufrufen, z. B. den häufig genutzten Datei-Explorer von Windows 7 (Tastenkombination „Windows-Taste + E"). Wichtig für mobile Rechner ist das Energiemanagement. Wer hier zu verschwenderisch mit energiefressenden Einstellungen, z. B. Bildschirmhelligkeit, umgeht, dem geht schnell der Strom aus. Im Windows-Mobilitätscenter (Tastenkombination „Windows + X") lassen sich verschiedene Optionen zum Energiesparen mit wenigen Mausklicks beeinflussen.

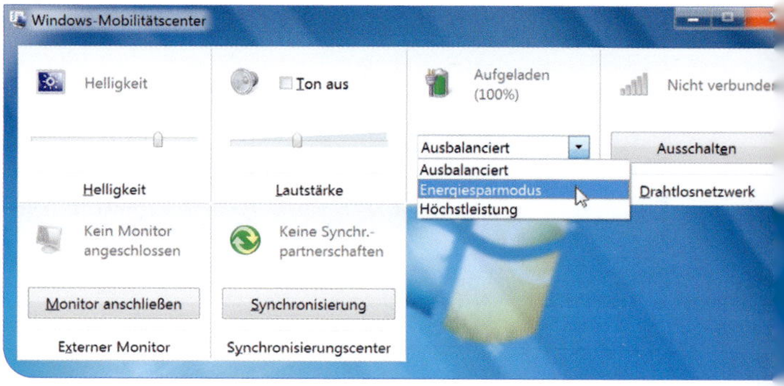


*Im Mobilitätscenter von Windows können Sie verschiedene Parameter setzten, um die Akkulaufzeit zu verlängern oder zu verkürzen.*

## Was bedeuten die unterstrichenen Buchstaben?

In vielen Menüs finden Sie unterstrichene Buchstaben. Auch diese zeigen Ihnen Tastenkombinationen an. Wenn Sie sich nicht mit dem Mauszeiger durch das Menü arbeiten wollen, dann nutzen Sie einfach die Alt-Taste in Kombination mit dem unterstrichenen Buchstaben, um den entsprechenden Eintrag auszuwählen.

### Tastenkürzel unter Windows 7

| Tastenkürzel | Beschreibung |
|---|---|
| **Alt + Eingabe** | Eigenschaften des ausgewählten Objekts anzeigen |
| **Alt + F4** | aktives Programm beenden |
| **Alt + Leertaste** | Menü des aktiven Fensters öffnen |
| **F1** | Hilfe |
| **F2** | ausgewähltes Objekt umbenennen |
| **F3** | Suche starten (Datei-Explorer) |
| **Shift + Entf** | Datei wird dauerhaft gelöscht (nicht in den Papierkorb verschoben) |
| **Strg + C** | ausgewähltes Objekt kopieren |
| **Strg + Shift + Esc** | öffnet den Windows-Task-Manager |
| **Strg + V** | ausgewähltes Objekt einfügen |
| **Strg + X** | ausgewähltes Objekt ausschneiden |
| **Windows-Taste (oder: Strg + Esc)** | Öffnen des Startmenüs |
| **Windows-Taste + D** | schließt alle offenen Fenster |
| **Windows-Taste + E** | öffnet den Datei-Explorer |
| **Windows-Taste + L** | von Windows abmelden (Sie müssen sich neu anmelden) |
| **Windows-Taste + Leertaste** | alle offenen Fenster werden transparent angezeigt (Aero-Peek-Funktion) |
| **Windows-Taste + Pfeil nach links** | aktives Fenster wird am linken Bildschirmrand ausgerichtet |
| **Windows-Taste + Pfeil nach oben** | Maximieren |
| **Windows-Taste + Pfeil nach rechts** | aktives Fenster wird am rechten Bildschirmrand ausgerichtet |
| **Windows-Taste + Pfeil nach unten** | Minimieren/Wiederherstellen |
| **Windows-Taste + X** | Windows-Mobilitätscenter wird angezeigt |

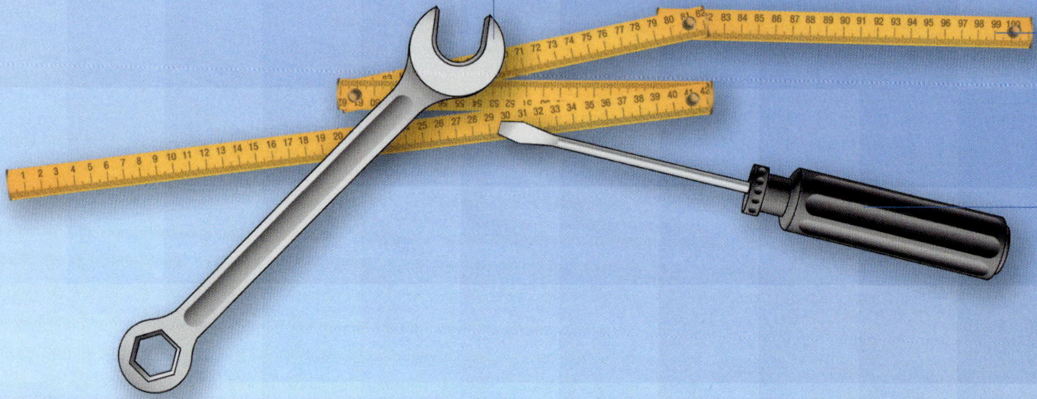

?

Desktop

Icons

mehrere Konten

Sicherungskopien

Hardware

Taskleiste

Programm installieren

System konfigurieren

Gadgets

Administrator

Software

# Den Rechner einrichten

# Windows 7 sichern und einrichten

## Was sollte man als Erstes tun?

Wie schon erwähnt, sollte man zunächst eine Sicherungskopie des kompletten Systems erstellen, um dies bei Bedarf schnell wiederherstellen zu können, z. B. wenn die Festplatte defekt ist. Dies ist besonders dann wichtig, wenn der Hersteller Ihres Computers keine System-Datenträger wie eine CD oder DVD mitgeliefert hat, um das System neu aufzuspielen. Außerdem ist ein Systemabbild deutlich schneller zurückgespielt, als ein Betriebssystem komplett neu installiert – Gründe, die für ein schnelles Back-up (engl. für „Sicherungskopie") sprechen.

## Wie kann ich ein Systemabbild erstellen?

Windows 7 bietet mit dem Modul „Systemabbild erstellen" die Möglichkeit, eine komplette Festplatte inklusive Betriebssystem zu sichern und gegebenenfalls wiederherzustellen. Diese Funktion finden Sie in der Systemsteuerung (Windows Start-Menü, rechte Spalte). In der Systemsteuerung finden Sie unter „System und Sicherheit" den Eintrag „Sicherung des Computers erstellen". Klicken Sie im folgenden Fenster auf „Systemabbild erstellen" und folgen Sie den Anweisungen. Grundsätzlich wird immer die Festplatte komplett gesichert, auf der sich das Betriebssystem befindet. Zusätzlich können Sie aber auch noch weitere Festplatten zur Sicherung hinzufügen. Bedenken Sie aber: Je mehr Festplatten Sie zur Sicherung hinzufügen, desto höher ist der Platzbedarf, den die Sicherungsdatei benötigt. Das Systemabbild können Sie entweder auf eine Festplatte oder auf eine DVD kopieren.

**Tipp:** Eine Sicherungskopie sollte immer auf einem anderen Datenträger gespeichert sein, als das Original. Wird nur ein Datenträger verwendet, sind z. B. bei einer defekten Festplatte beide Datensätze verloren.

*In der Systemsteuerung können Sie eine komplette Festplatte sichern.*

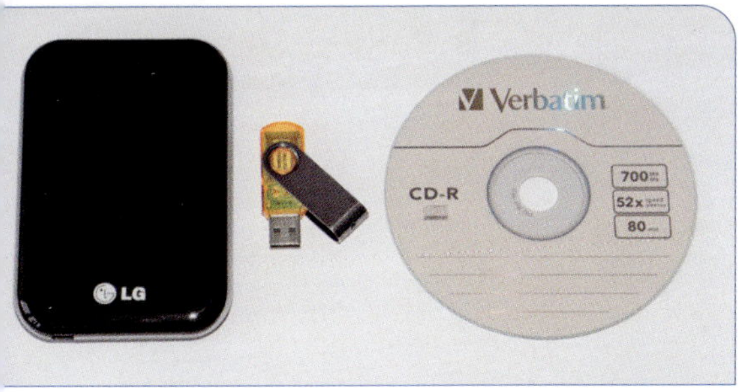


***Sicherungskopien können Sie beispielsweise auf eine externe Festplatte, einen USB-Stick oder eine beschreibbare DVD (v. l. n. r.) übertragen.***

Nach dem Sicherungsvorgang müssen Sie noch eine sogenannte Boot-CD erstellen. Mit dieser CD können Sie Ihren Rechner ohne installiertes Betriebssystem starten und die Sicherungskopie zurückspielen.

> **Achtung:** Beim Zurückspielen der Sicherungskopie werden alle Daten des Ziellaufwerks überschrieben!

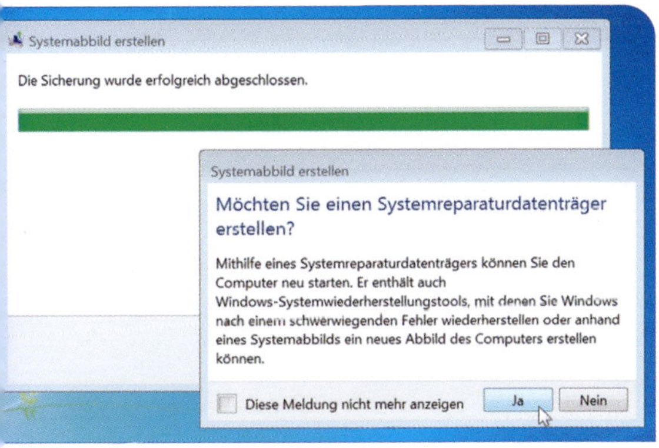


***Um ein Systemabbild von Windows 7 wieder zurückzuspielen, benötigen Sie einen Systemreparaturdatenträger, den Sie im Anschluss an die Sicherungskopie erstellen können.***

## Kann ich auch einzelne Dateien sichern?

Es gibt verschiedenen Möglichkeiten auch einzelne Dateien und Ordner zu sichern, z. B. den mit Ihren Urlaubsbildern oder wichtigen Briefen. Am einfachsten geht es, wenn Sie die Daten einfach von Datenträger A auf Datenträger B kopieren. Allerdings ist dies bei großen Datenmengen ein sehr mühsamer Weg – und man sollte regelmäßig sichern. Einfacher geht es mit sogenannten Back-up-Tools, die auf Knopfdruck oder nach eingestellten Zeitintervallen eine bestimmte Datei, einen Ordner oder die Daten einer ganzen Festplatte sichern und ein sogenanntes Back-up erstellen. Das Back-up-Modul von Windows 7 finden Sie ebenfalls in der Systemsteuerung (Windows-Start, rechte Spalte). Wählen Sie unter „System und Sicherheit" den Eintrag „Sicherung des Computers". Hier können Sie die Sicherungsoptionen festlegen, beispielsweise Ordner markieren oder einen Zeitplan für die Sicherung bestimmen.

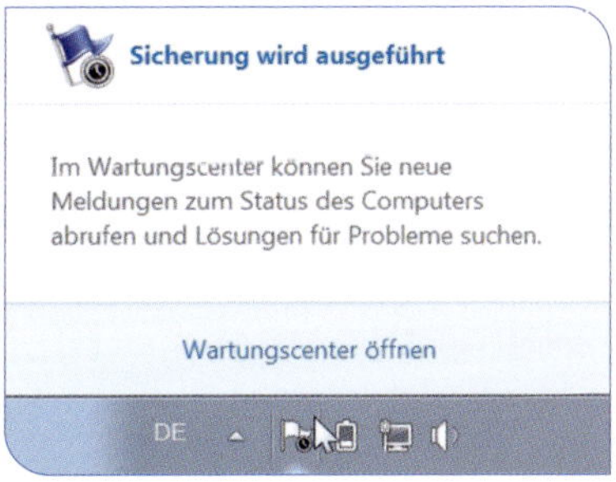


***Eine aktive Sicherung wird in der Taskleiste durch eine kleine Uhr bei der Info-Fahne angezeigt.***

## Was sollte noch beachtet werden?

Sie sollten Ihr Betriebssystem und Ihre Software immer mit den aktuellen Updates des Herstellers versorgen. Dank Internet ist das auch kein Problem mehr. Windows kann so eingestellt werden, dass die Software selbstständig eine Verbindung zum Hersteller aufnimmt und nach Aktualisierungen, sogenannten Updates, sucht. Sie können die Update-Suche aber auch manuell anstoßen oder die Zeitintervalle bestimmen.

**Achtung:** Bevor Sie ein Update über das Internet durchführen, müssen Sie eine Internetverbindung herstellen und Ihren Computer vor Schadsoftware wie Viren und Würmern schützen. Wie das geht, lesen Sie im Abschnitt „Internet".

**Tipp:** Betriebssysteme mit Updates vom Hersteller immer auf dem aktuellen Stand halten! So ist die Software up to date und ohne mögliche Sicherheitslücken!

***In der Systemsteuerung können Sie das Update-Fenster aufrufen.***

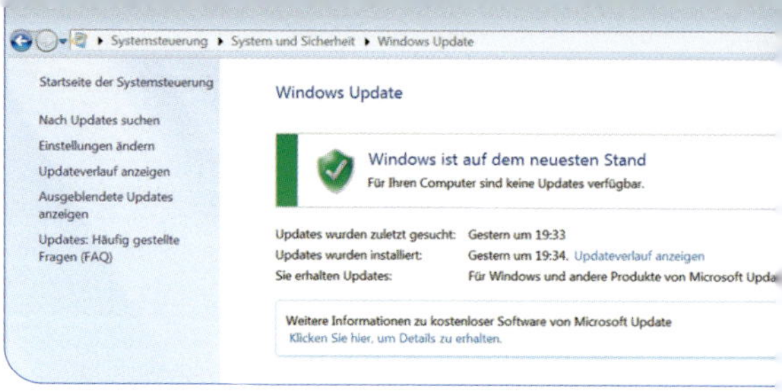


***Windows-Updates können Sie manuell oder automatisch durchführen lassen.***

## Bietet Windows 7 eine Starthilfe?

Um sich mit dem System vertraut zu machen, bietet Windows 7 einen Assistenten an, der Ihnen beim Einrichten und im Umgang mit Ihrem Computer hilft. Für einige Funktionen muss allerdings eine Verbindung zum Internet bestehen. Öffnen Sie das Start-Menü und klicken Sie den Eintrag „Erste Schritte" an. Schon öffnet sich ein Assistent mit verschiedenen Optionen. Einige davon kennen Sie bereits, z. B. den Eintrag „Dateien sichern". Um Windows inklusive Desktop an Ihre Vorstellungen anzupassen, wählen Sie einfach den Eintrag „Windows anpassen" aus.

***Über dieses Fenster können Sie die wichtigsten Einstellungen erreichen.***

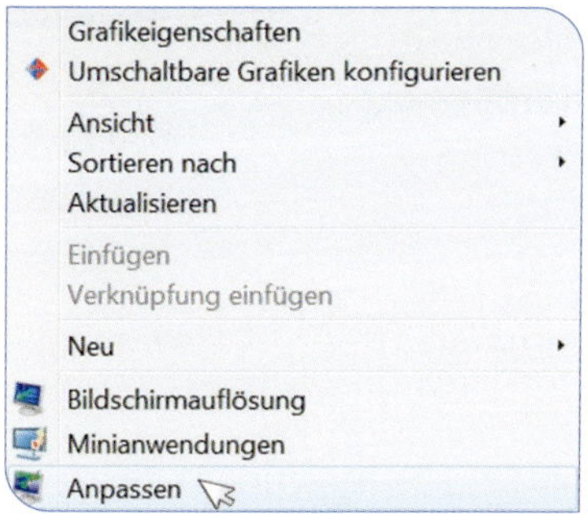


***Unter „Anpassen" gelangen Sie zum Anpassungsfenster.***

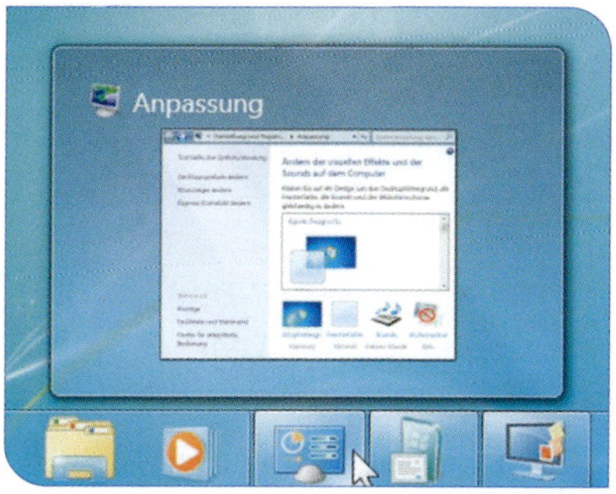


***Im Aero-Design werden kleine Vorschaufenster angezeigt, wenn Sie mit dem Mauszeiger über das Programm-Icon in der Taskleiste fahren.***

***Im Anpassungsfenster können Sie fertige Designs auswählen oder diese individuell anpassen.***

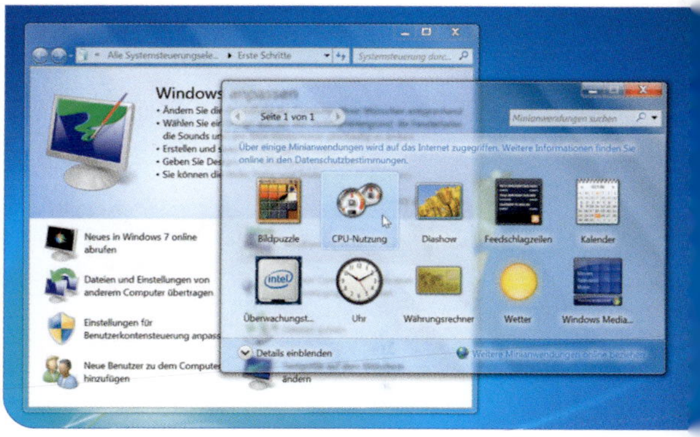


***Das Aero-Design bringt leicht transparente Fenster bzw. Fensterrahmen mit.***

Unter „Anpassen" können Sie bestimmte Design-Vorschläge auswählen oder diese individuell anpassen. Aufwendig umgesetzt ist das Aero-Design, das allerdings nicht in allen Versionen verfügbar ist. Dieses Design bietet z. B. Features wie transparente Fensterrahmen oder eine Miniaturvorschau des Fensters, wenn Sie mit dem Mauszeiger über das Programm-Icon in der Taskleiste fahren.

## Wie kann ich den Hintergrund ändern?

Wenn Sie das Hintergrundbild Ihres Desktops ändern wollen, dann klicken Sie diese Option im Anpassungs-Fenster an. Nun zeigt Windows die verfügbaren Hintergrundbilder. Natürlich können Sie auch eigene Fotos einbinden. Öffnen Sie dafür das Pull-down-Menü neben dem Eintrag „Bildpfad" und wählen Sie einen der vorgegebenen Bereiche aus. Zur Einbindung eines Fotos aus einem persönlichen Ordner als Hintergrund, klicken Sie auf die Schaltfläche „Durchsuchen", um eine Ordnerliste zu öffnen. Bestimmen Sie hier das Verzeichnis, in dem die Bilder für Ihren persönlichen Hintergrund gespeichert sind. Klicken Sie auf „OK", um den Ordner in der Vorschau zu öffnen. Nun markieren Sie ein Bild mit dem Mauszeiger (linke Maustaste), um dieses testweise als Hintergrundbild einzubinden. Gefällt Ihnen die Auswahl, übernehmen Sie diese mit einem Klick auf den Button „Änderungen speichern".

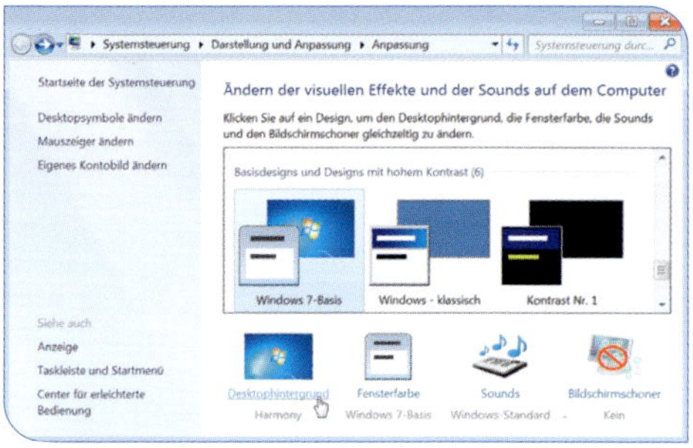


***Ändern Sie den Desktophintergrund über diese Schaltfläche.***

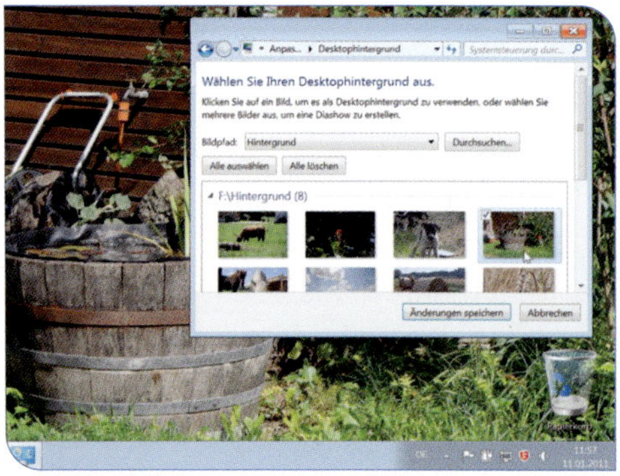


***Neben vorinstallierten Hintergrundbildern können Sie auch eigene Fotos einbinden.***

## Was kann ich noch anpassen?

Neben dem Hintergrund können Sie im Anpassungsfenster auch noch die Fensterfarben, Sounds und den Bildschirmschoner anpassen. Unter „Sounds" lassen sich beispielsweise verschiedene Soundschemata festlegen und individuell verändern – auch mit eigenen Klängen. Beispielsweise können Sie dem Ereignis „Alarm bei niedrigem Akkustand" einen Sound zuweisen. Erreicht der Akku einen bestimmten Füllstand, gibt Windows automatisch einen Klang aus und warnt den Anwender. Außerdem können Sie einen Bildschirmschoner einrichten, ein Feature, das bei modernen Flachbildschirmen nicht mehr so wichtig ist, aber ein nettes Gadget (engl. für „technische Spielerei") ist.

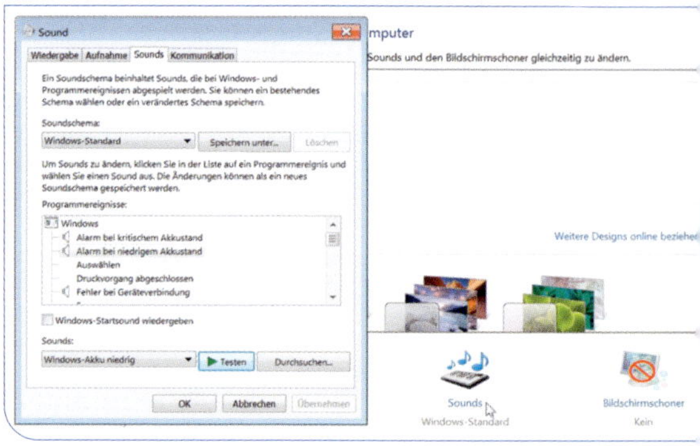


***Im Sound-Fenster können Sie bestimmten Systemereignissen einen Klang zuordnen.***

Außerdem können Sie unter Windows 7 sogenannte Minianwendungen auf Ihrem Desktop einblenden, die Ihnen z. B. das aktuelle Wetter, Börsendaten oder den Systemstatus verraten, wofür aber eine Internetverbindung nötig ist. Die Minianwendungen lassen sich über das Kontextmenü des Desktops aktivieren. Öffnen Sie das Kontextmenü und klicken Sie auf „Minianwendungen". Eine Anwendung lässt sich nun mit einem Doppelklick aktivieren. Außerdem können Sie weitere Desktop-Gadgets über das Internet beziehen.

## Wie kann ich die Gadgets anpassen?

Fahren Sie mit dem Mauszeiger über die Anwendung, schon erscheint am rechten Rand eine kleine Tool-Leiste. Mit dem „X" können Sie die Anwendung schließen. Das Pfeil-Symbol verkleinert oder vergrößert das Fenster. Mit dem Werkzeug-Symbol können Sie die Einstellungen öffnen – oder die komplette Minianwendung durch Erfassen der gepunkteten Fläche verschieben.

***Windows 7 lässt sich mit sogenannten Minianwendungen aufwerten.***

***Minianwendungen bringen aktuelle Infos auf den Bildschirm.***

***Viele Minianwendungen können Sie anpassen.***

## Kann ich die Icons einbinden?

Die wichtigsten Desktopsymbole können Sie ebenfalls im Anpassungs-Fenster verändern. Klicken Sie dafür auf den Eintrag „Desktopsymbole ändern" in der linken Fensterspalte. Hier lassen sich die System-Icons, die angezeigt werden sollen, an- oder abwählen, beispielsweise für Computer, Netzwerk oder Papierkorb. Zusätzlich können Sie aber auch eigene Verknüpfungen mit Programmen oder Dateien auf dem Desktop platzieren, damit Sie ohne viele Umwege direkten Zugriff darauf haben.

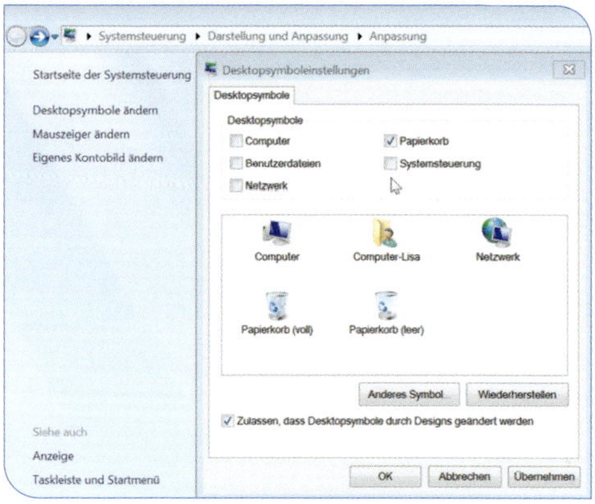


***Die Desktopsymbole lassen sich in diesem Fenster auswählen.***

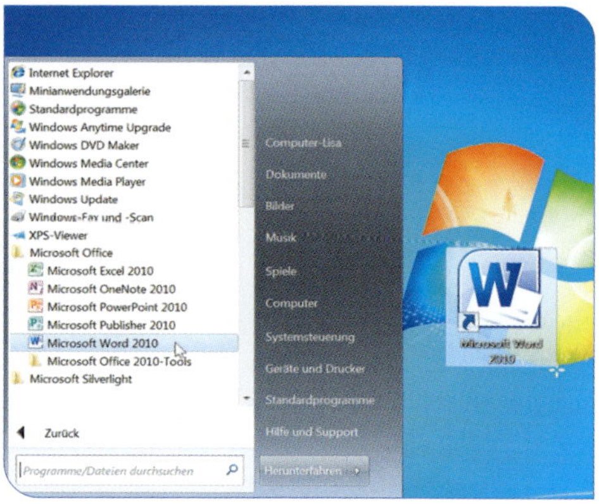


***Eine Verknüpfung auf dem Desktop wird per Drag and Drop (Verschieben von Elementen auf der Benutzeroberfläche durch Anklicken und Bewegen der Maus) erstellt.***

## Wie kann ich eigene Desktop-Icons erstellen?

Es gibt mehrere Möglichkeiten, eine eigene Desktopverknüpfung zu erstellen. Wählen Sie beispielsweise unter „Start/Programme" ein Programm aus, von dem Sie eine Verknüpfung erstellen wollen. Markieren Sie dieses mit dem Mauszeiger und ziehen Sie es einfach auf den Desktop (linke Maustaste gedrückt halten). Wichtig: Um eine Verknüpfung zu erstellen, müssen sie parallel die Alt-Taste gedrückt halten. Alternativ führt Sie auch der Weg über das Kontextmenü des Desktops zu einer Verknüpfung. Wählen Sie im Kontextmenü einfach den Eintrag „Neu/Verknüpfung" und wählen Sie über den Button „Durchsuchen" das gewünschte Programm in Ihren Verzeichnissen. Auf gleiche Weise lassen sich auch Verknüpfungen mit Dateien erstellen, z. B. mit einem Word-Dokument.

## Lassen sich Icons löschen?

Genauso einfach, wie Sie Verknüpfungen erstellen können, lassen sich diese auch wieder entfernen. Beachten Sie dabei aber, dass nur die Verknüpfung zum Programm bzw. der Datei gelöscht wird. Das Programm selbst bleibt erhalten. Soll ein Programm endgültig entfernt werden, muss dieses deinstalliert werden. Eine Datei oder ein Ordner muss ebenfalls gelöscht werden. Dies geht am besten im Dateiexplorer. Öffnen Sie das Kontextmenü einer Verknüpfung und wählen Sie den Eintrag „Löschen". Alternativ können Sie das Icon auch mit dem Mauszeiger markieren (mit der linken Maustaste anklicken) und die Taste „Entf" (entfernen) Ihrer Tastatur drücken. Um die Verknüpfung in den Papierkorb zu verschieben, müssen Sie diesen Vorgang mit „Ja" bestätigen.

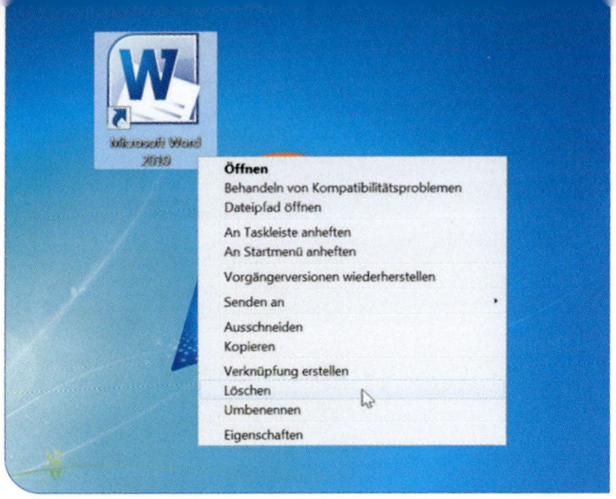


***Mit „Löschen" können Sie eine Verknüpfung entfernen.***

## Kann ich die Icons anordnen?

Die Icons lassen sich frei auf dem Bildschirm platzieren oder an einem Raster ausrichten. Ergreifen Sie einfach ein Icon mit dem Mauszeiger (linke Taste gedrückt halten) und verschieben Sie es beliebig. Wird das Icon nicht exakt in der Position verankert, in der Sie es haben wollen, wird es automatisch an einem Raster ausgerichtet. Wünschen Sie diesen Effekt nicht, dann müssen Sie die Option „Symbol am Raster ausrichten" im Kontextmenü des Desktops unter „Ansicht" abwählen.

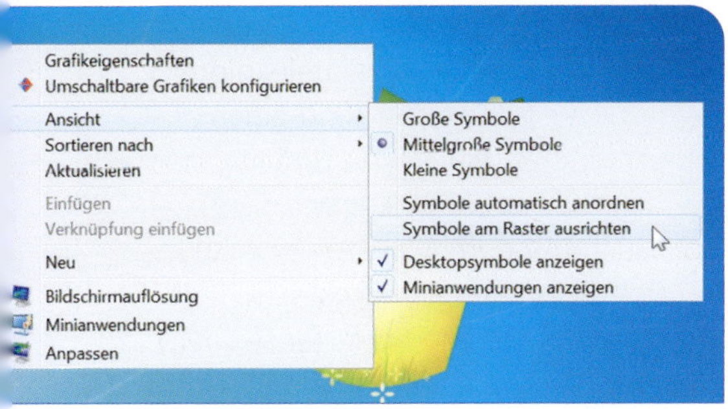


***Symbole lassen sich an einem Raster ausrichten.***

## Wie kann ich das Symbol ändern?

Das Desktopsymbol für eine Verknüpfung kann in Größe und Gestalt unterschiedlich angepasst werden, z. B. über das Kontextmenü des Desktops. Einfacher geht es mit Tastatur und Maus. Fahren Sie mit der Maus über einen freien Platz auf dem Desktop, halten Sie die Strg-Taste gedrückt und drehen Sie am Scrollrad der Maus. Je mehr Sie drehen, desto stärker verändert sich die Größe der Desktopsymbole.

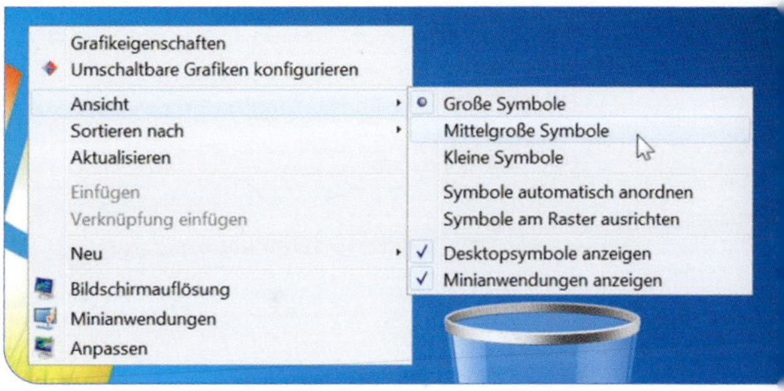


***Die Größe eines Desktopsymbols wird über das Kontextmenü angepasst.***

Wenn Ihnen das Symbol selbst nicht gefällt, können Sie beispielsweise einer Verknüpfung für eine Excel-Tabelle auch ein anderes Symbol zuweisen. Klicken Sie dafür mit der rechten Maustaste auf das Symbol und wählen Sie im Kontextmenü den Eintrag „Eigenschaften". Hier können Sie dann unter dem Reiter „Verknüpfung" ein neues Symbol bestimmen.

# Die Taskleiste im Griff

Nun erfahren Sie, wie man die Taskleiste an die persönlichen Vorstellungen anpassen und nutzen kann. Hier lassen sich wichtige Programme dauerhaft mit einem Start-Icon hinterlegen. Das schafft Platz auf dem Desktop. Klicken Sie dafür einfach auf das Symbol eines offenen Programms in der Taskleiste und öffnen Sie das Kontextmenü (rechte Maustaste). Wählen Sie hier den Eintrag „Dieses Programm an Taskleiste anheften“. Schon wird das Icon dauerhaft fixiert und ist auch dann noch sichtbar, wenn das Programm bereits geschlossen wurde. Ob ein Symbol nun eine Programmverknüpfung bezeichnet oder ein offenes Programm anzeigt, lässt sich schnell erkennen: Die Symbole der geöffneten Programme sind mit einem kleinen Rahmen versehen.

***Programme lassen sich dauerhaft an die Taskleiste anheften.***

Die sogenannte Sprungliste ist ein weiteres Element der Taskleiste. Klicken Sie beispielsweise auf das Icon von Word, um die zuletzt bearbeiteten Texte zu sehen. Mit einem Klick auf ein ausgewähltes Dokument haben Sie einen schnellen Zugriff auf kürzlich

### Taskleisten-Tastaturkürzel

| Tastenkürzel | Beschreibung |
| --- | --- |
| **Mittlerer Mausklick auf Symbol** | Das Programm wird erneut geöffnet. |
| **Shift + Linke Maustaste auf Symbol** | Das Programm wird erneut geöffnet. |
| **Shift + Rechte Maustaste auf Symbol** | Öffnet das Kontextmenü mit zusätzlichen Optionen |
| **Strg + Linke Maustaste auf Symbolgruppe** | Schaltet durch die Fenster der Symbolgruppe |
| **Windows-Taste + Shift + T** | Rückwärts durch die Icons der Taskleiste blättern |
| **Windows-Taste + T** | Durch die Icons der Taskleiste blättern |

genutzte Dateien. Außerdem können Sie über das Kontextmenü oder das Pin-Symbol ein Dokument dauerhaft in die Sprungliste aufnehmen.

### Kann ich die Größe anpassen?

Die Taskleiste kann in unterschiedlichster Weise an die persönlichen Ansprüche angepasst werden. Beispielsweise können Sie bei den Eigenschaften der Taskleiste (Kontextmenü) verschiedene Parameter verändern. Um Platz zu sparen, wenn Sie etwa einen kleinen Bildschirm verwenden, können Sie die Symbole der Taskleiste klein anzeigen lassen. Außerdem kann die Taskleiste ausgeblendet werden, wenn sie nicht verwendet wird. Setzen Sie für diese Option einfach den Haken neben „Taskleiste automatisch ausblenden". Um die Taskleiste in diesem Modus einzublenden, müssen Sie mit dem Mauszeiger an die untere Bildschirmkante fahren. Zudem können Sie die Position auf dem Bildschirm bestimmen. Zur Auswahl stehen: unten, links, rechts und oben.

Ein weiteres wichtiges Element der Taskleiste ist das Wartungscenter. Hier werden Windows-Warnungen und weitere Systeminformationen angezeigt, wenn beispielsweise Sicherheitseinstellungen nicht mehr aktuell sind. Natürlich können Sie die Anzeigen im Wartungscenter Ihren Vorstellungen anpassen. Außerdem befindet sich rechts in der Taskleiste der Bereich mit Infosymbolen, der Uhr und einer Datumsanzeige. Welche Symbole im Infobereich angezeigt werden sollen, können Sie im Kontextmenü der Taskleiste auswählen. Auch im Infobereich können Sie mit einem Mausklick auf das Symbol verschiedene Parameter anzeigen lassen oder aufrufen, wie z. B. den Status der Batterie oder die Lautstärke der Systemlautsprecher.

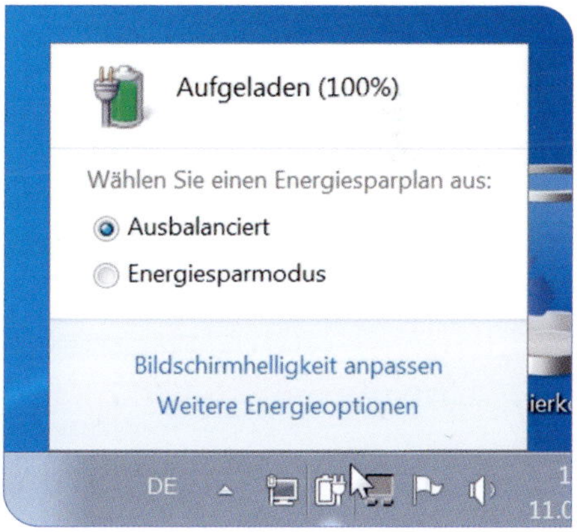


***Im Infobereich lassen sich verschiedene Parameter abrufen und mit einem Mausklick anpassen.***

### Wie kann ich das Datum ändern?

Datum und Uhrzeit werden im rechten Bereich der Taskleiste angezeigt. Um eine Monatsansicht und eine größere Uhr anzuzeigen, klicken Sie einmal mit dem Mauszeiger auf die Anzeige. Wollen sie das Datum und die Uhrzeit anpassen, dann klicken Sie die Auswahlfläche „Datum- und Uhrzeiteinstellungen ändern" an. Im nun geöffneten Fenster können Sie die Parameter für Ihr System anpassen.

# Windows 7 mit mehreren Anwendern

Sie möchten Ihren Windows-7-Rechner mit mehreren Benutzern teilen, Ihre individuellen Einstellungen oder Ihr Hintergrundbild jedoch vor deren Zugriff schützen? Kein Problem. Bei Windows 7 können Sie mehrere Benutzer anlegen, die mit eigenen Einstellungen arbeiten können. Jeder Benutzer greift auf seine Einstellungen und Dateien zurück. Welcher Benutzer geladen werden soll, wird beim Start von Windows abgefragt.

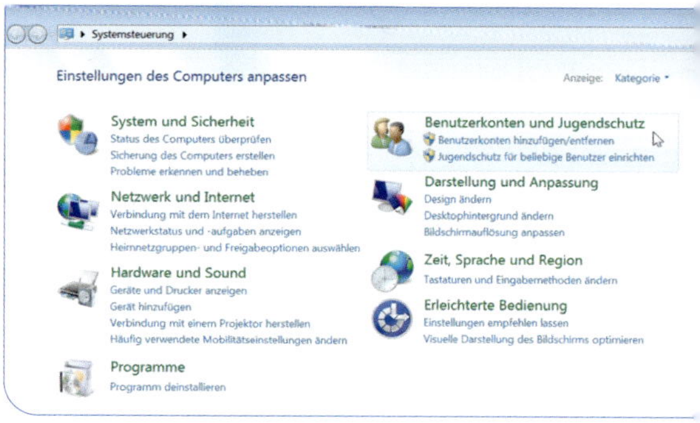


***In der Systemsteuerung können Sie die Benutzerkonten verwalten.***

## Welche Kontotypen gibt es?

### Administrator

Mit diesem Typ erhalten Sie den größtmöglichen Zugriff auf Einstellungen und Steuerung des Computers.

### Standardbenutzer

Dieser Kontotyp ist für den normalen Anwender gedacht. Verschiedene Einstellungen sind für diesen Benutzertyp gesperrt, beispielsweise das Anlegen oder Ändern von Benutzerkonten.

### Gast

Das Gastkonto ist für Besucher gedacht, die den Computer nur gelegentlich nutzen.

***Unter „Konten verwalten" können vorhandene Konten bearbeitet oder neue erstellt werden.***

## Wie lege ich einen Benutzer an?

Zunächst müssen Sie sich über ein Administratorkonto am Computer anmelden. Dieses sollte kennwortgeschützt sein, um einen Zugriff Dritter zu erschweren. Wechseln Sie in die Systemsteuerung und wählen Sie hier die Rubrik „Benutzerkonten hinzufügen/entfernen" aus, um einen neuen Anwender anzulegen.

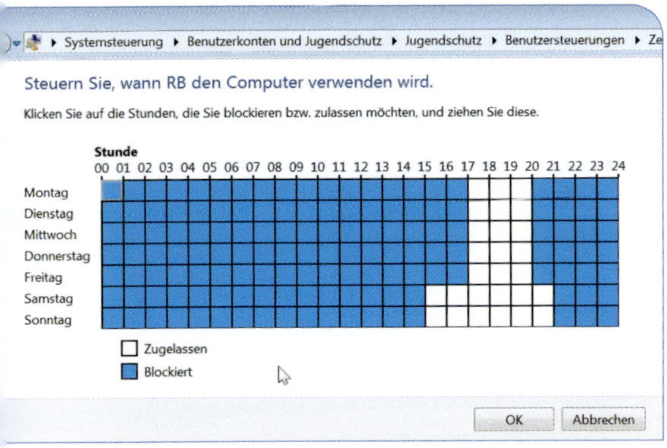


***Sie können z. B. festlegen, in welchem Zeitraum der Benutzer Zugriff auf sein Konto hat. Außerhalb dieser Zeit ist das Konto gesperrt.***

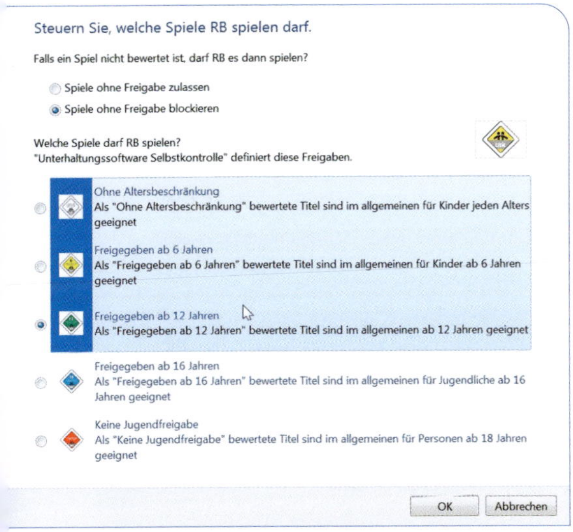


***Auch die Spieleauswahl für einen Anwender kann festgelegt werden.***

Zur Änderung eines Kontos wählen Sie dieses mit einem Doppelklick aus. Nun können Sie den Kontonamen anpassen, das Kennwort oder das Bild ändern, aber auch Jugendschutzoptionen wie Altersbeschränkungen für Spiele einrichten. Ebenso lässt sich die Zugriffszeit für einen bestimmten Benutzer einschränken. Außerdem können Sie als Administrator auch einzelne Programme für verschiedene Benutzer sperren. Diese Maßnahmen sind sinnvoll, wenn Jugendliche den PC benutzen dürfen.

## Kann ich einen Benutzer löschen?

Ein Benutzer kann auf zwei Weisen gelöscht werden: Sie können das Konto entweder komplett mit allen Daten löschen oder einen Teil der Daten aus Ordnern wie „Dokumente", „Favoriten" oder „Videos" sichern. Entscheiden Sie sich beim Löschen des Kontos für die entsprechende Option.

## Können sich mehrere Benutzer anmelden?

Es können mehrere Benutzer parallel angemeldet sein, aber nur ein Benutzer wird auf dem Desktop angezeigt. Das andere Profil bleibt verborgen. Alle laufenden Programme bleiben geöffnet. So kann man schnell in einem anderen Profil etwas nachschauen.

Um zwischen den Benutzern zu wechseln, klicken Sie einfach auf die Start-Taste und dann rechts auf den Pfeil. Im Menü finden Sie u. a. den Eintrag „Benutzer wechseln". Diese Option lässt alle laufenden Programme offen und erlaubt einen Benutzerwechsel. Wenn Sie auf „Abmelden" klicken, werden alle offenen Programme geschlossen und ein weiterer Benutzer kann sich allein am Rechner anmelden.

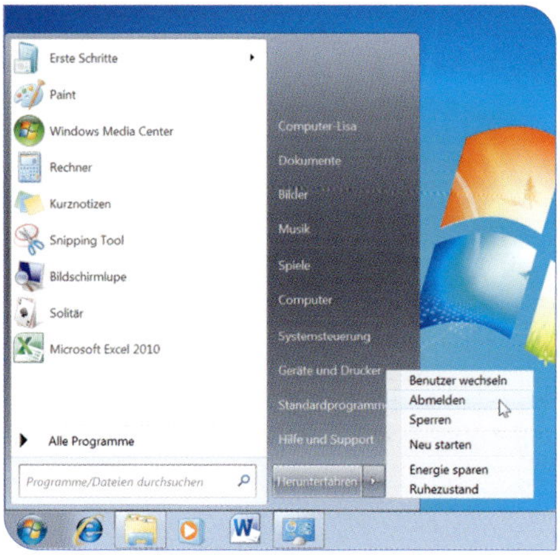


*Im Start-Menü können Sie sich abmelden oder den Benutzer wechseln.*

## Wo sind die Benutzerdaten zu finden?

Die Benutzerdaten werden in persönlichen Ordnern auf der Festplatte abgelegt. Der Ordner heißt in der Regel „Benutzer" und befindet sich auf der Festplatte, auf der auch das Betriebssystem gespeichert ist. Die einzelnen Unterordner haben den entsprechenden Kontonamen, mit dem die Daten der einzelnen Nutzer auszumachen sind. Allerdings hat nur ein Administrator ein Zugriffsrecht auf fremde Ordner.

## Wie kann ich Einstellungen von einem anderen PC übernehmen?

Sie haben sich einen neuen Rechner mit Windows 7 gekauft und möchten Dateien und Einstellungen von Ihrem alten PC mit Windows XP oder Vista übernehmen? Dafür gibt es bei Windows 7 das

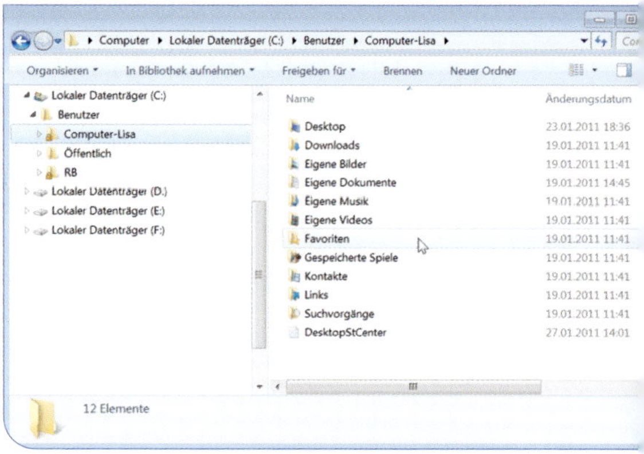


*Daten und Einstellungen werden für jeden Nutzer separat gespeichert.*

Tool (engl. für „Werkzeug") „EasyTransfer", das entweder in Ihrem System zur Verfügung steht oder bei Microsoft heruntergeladen werden kann. Geben Sie in die Suchmaske im Start-Menü den Begriff „EasyTransfer" ein. Wählen Sie aus der Liste „Windows-EasyTransfer" aus, um z. B. Benutzerkonten, Dokumente oder Videos von Rechner A auf Rechner B zu übertragen.

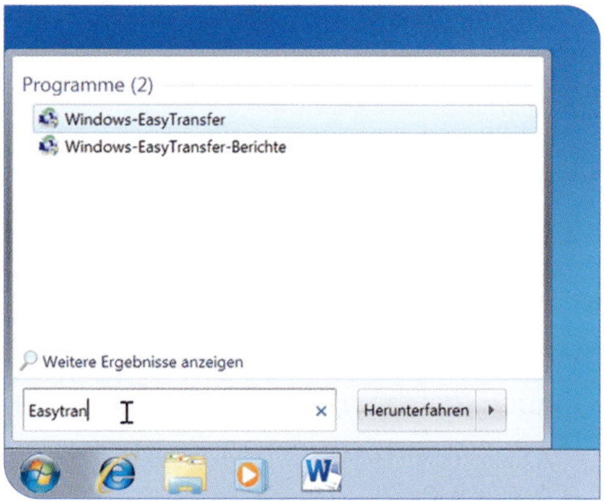


*Das „Umzugs"-Tool „EasyTransfer können Sie über die Suchmaske im Start-Menü aufrufen.*

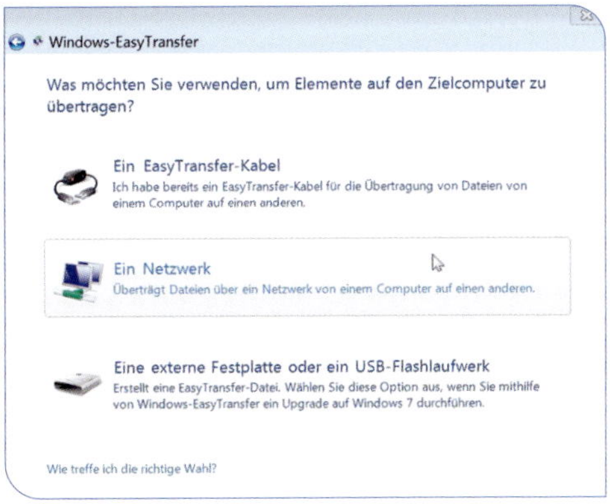


***EasyTransfer bietet verschiedene Umzugsmöglichkeiten an: über ein Kabel, das Netzwerk oder einen externen Speicher.***

## Wie kann ich Programme überspielen?

Mit EasyTransfer lassen sich nur Daten und Einstellungen übertragen. Komplette Programme sind vom digitalen Umzug ausgeschlossen. Allerdings können Sie eigene Verzeichnisse bestimmen, die Sie mit in den digitalen Umzugswagen packen. So können Sie in einem Rutsch die wichtigsten Daten von A nach B umziehen und dabei auch noch Ihre Einstellungen für den Desktop und mehr übernehmen.

## Kann ich die Bedienung vereinfachen?

Windows 7 bietet verschiedene Einstellungen, die Ihnen den Umgang mit dem PC erleichtern können, z. B. eine Bildschirmlupe, mit der bestimmte Bereiche vergrößert werden können. Zusätzlich können Sie sich Texte vorlesen lassen. Dieses Feature ist derzeit nur auf englische Texte spezialisiert. Außerdem können Sie eine Bildschirmtastatur einbinden, die Sie einfach mit dem Mauszeiger bedienen können. Die „intelligente" Tastatur gibt Ihnen nach wenigen eingetippten Buchstaben bereits einige Wortvorschläge am oberen Rand. Dadurch müssen viele Worte gar nicht komplett eingetippt werden. Die Einstellungen für diese Optionen finden Sie in der Systemsteuerung unter „Erleichterte Bedienung".

***Sie können die Bedienung des PCs auf verschiedene Weisen vereinfachen.***

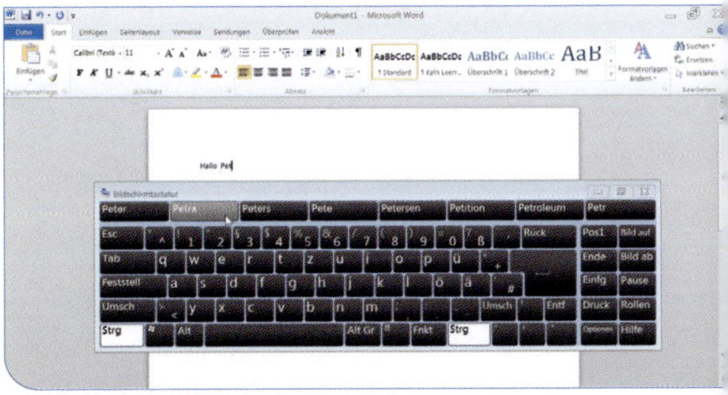


***Mit der virtuellen Tastatur lassen sich Texte mit dem Mauszeiger eingeben.***

## Wie kann ich Programme installieren?

Die meisten Programme werden mit einer Installations-Routine ausgeliefert, d. h. wenn die Programm-CD in das optische Laufwerk eingelegt wird, erkennt das System das Programm und die Installation beginnt. Der Anwender muss bei der Installation meistens einige Informationen eingeben, die Lizenzbestimmungen bestätigen und eventuell einen Speicherort wählen. Schon kann die Software genutzt werden.

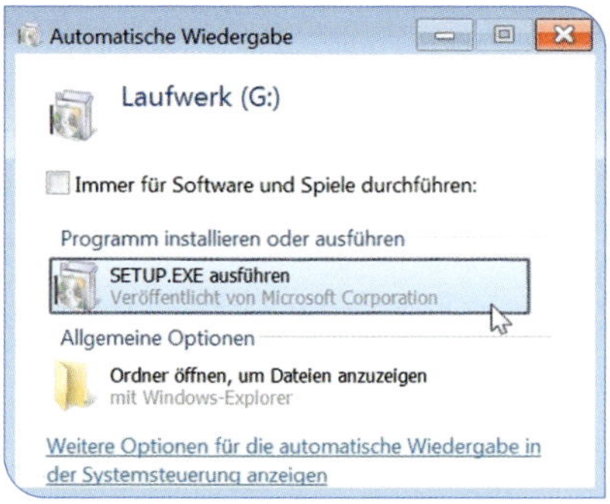


***Die meisten Datenträger werden von Windows 7 automatisch erkannt und gestartet.***

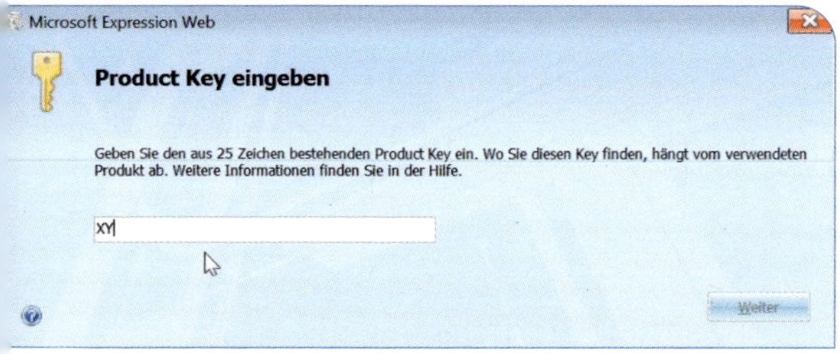


***Bei einigen Programmen muss ein Produkt-Schlüssel eingegeben werden, den man entweder auf der Verpackung findet oder vom Hersteller zugeschickt bekommt.***

Viele Programme wollen sich auf die Festplatte kopieren, auf der das Betriebssystem installiert ist. Dies ist allerdings nicht immer ratsam, z. B. wenn die Festplatte bereits recht voll ist und Sie ein speicherintensives Programm installieren möchten. Darum bieten viele Tools dem Anwender die Möglichkeit, den Speicherort selbst zu bestimmen. Damit Sie einen Überblick über den Speicherbedarf einer Software bekommen, zeigen viele Programme den benötigten Platz bei der Installation an. Außerdem werden auf vielen Softwareverpackungen die Systemanforderungen und der benötigte Speicherplatz abgedruckt.

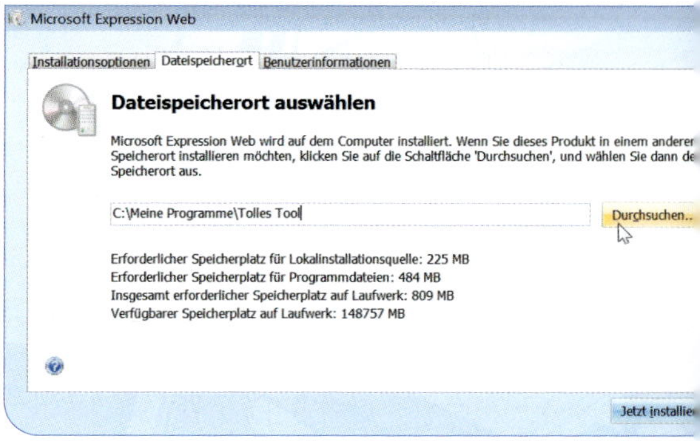


***Programmen kann bei der Installation ein Speicherort zugewiesen werden.***

Ist der Speicherplatz knapp, können Sie insbesondere bei Grafikprogrammen auf verschiedene Komponenten (Filter, Tools, diverse Effekte) auch verzichten.

## Wie kann ich das neue Programm öffnen?

Wie üblich finden Sie das neue Programm in der Programmliste im Start-Menü. Außerdem legen viele Tools automatisch oder auf Wunsch eine Verknüpfung auf dem Desktop oder im Startmenü an.

## Lässt sich ein Programm löschen?

Jedes installierte Programm können Sie auch wieder deinstallieren. Um ein Programm zu deinstallieren, müssen Sie zur Systemsteuerung wechseln. Hier finden Sie den Eintrag „Programme deinstallieren". Öffnen Sie diese Option mit einem Doppelklick. Im darauffolgenden Fenster werden alle installierten Programme aufgelistet. Suchen Sie die Software, die entfernt werden soll. Mit einem Doppelklick können Sie die Löschung starten. Alternativ lässt sich dieser Vorgang auch über das Kontextmenü auslösen. Zusätzlich zur Option „Deinstallieren" finden Sie je nach Programm in diesem Bereich auch noch Einträge wie „Ändern" oder „Reparieren". Wenn Sie „Ändern" wählen, können Sie je nach Software verschiedene Parameter verändern, beispielsweise Filter hinzufügen. Mit dem Eintrag „Reparieren" lässt sich eine defekte Installation häufig noch retten. Bei einer „Reparatur" werden defekte Dateien ersetzt und Verknüpfungen sowie Registrierungseinträge überprüft.

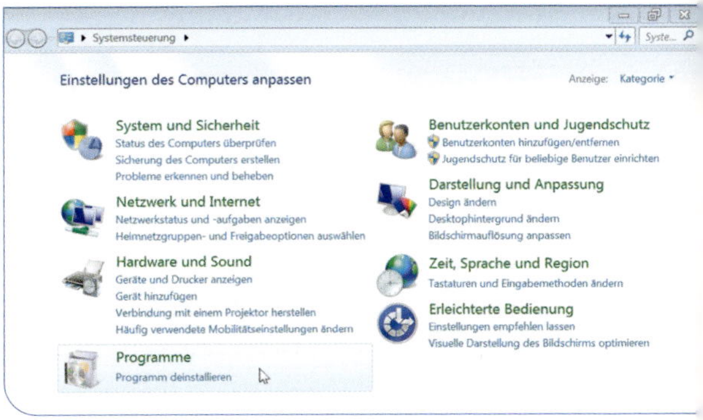


***Rufen Sie in der Systemsteuerung „Programme" auf, wenn Sie eine Software deinstallieren möchten.***

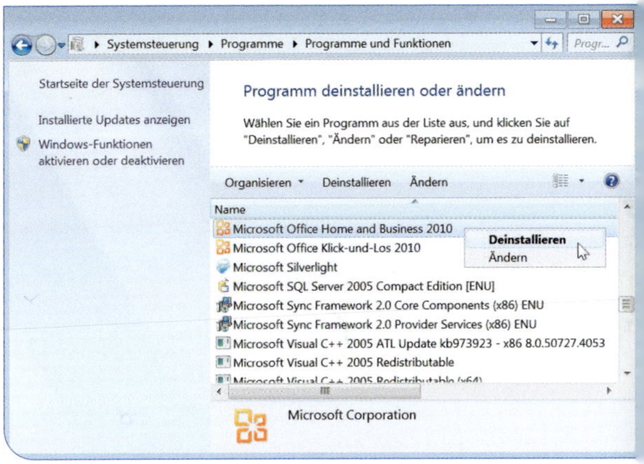


***Wählen Sie einfach ein Programm aus und öffnen Sie das Kontextmenü.***

Sie können die Software auch einfach löschen, indem Sie den Ordner in den Papierkorb verschieben, in dem das Programm installiert wurde. Von dieser Methode ist aber dringend abzuraten, denn so verbleiben Verknüpfungen und Registrierungseinträge als Datenleichen auf dem System.

# Die Hardware im Griff

Keine Hardware läuft ohne die passende Software. Dafür sind in der Regel sogenannte Treiber nötig, die dem PC sagen, wie er welche Komponente zu nutzen hat und welche Features sie bietet. Allerdings sollten die Treiber regelmäßig durch überarbeitete Versionen, sogenannte Updates, ersetzt werden, bei denen bekannte Fehler behoben und neue Funktionen zugefügt wurden. Hinweise für Ihre Hardware und Ihre Treiberversion finden Sie in der Systemsteuerung unter „System und Sicherheit". Im Fenster „System" erhalten Sie die wichtigsten Parameter des Rechners, z. B. welche Version eines Betriebssystems installiert ist, welcher Prozessor verbaut wurde und welche Größe der Arbeitsspeicher hat. Außerdem zeigt Windows hier die „Klassifikation", d. h. den Leistungsindex des PCs an. Je höher dieser Wert, desto leistungsstärker ist Ihr Rechner. Windows legt hier eine Bewertungsskala von 1,0 bis 7,9 an.

### Wo finde ich weitere Infos?

In der Systemsteuerung finden Sie im Fenster „System" auf der linken Leiste den Eintrag „Geräte-Manager". Öffnen Sie dieses Fenster um weitere Hardwarekomponenten anzuschauen. Im Kontextmenü der einzelnen Geräte finden Sie u. a. den Eintrag „Eigenschaften". Im Eigenschaftsfenster können Sie unter dem Reiter „Allgemein" beispielsweise Informationen zu Gerätetyp und Hersteller abrufen. Unter „Treiber" lassen sich Details abrufen und der Treiber aktualisieren. Gehen Sie in diesem sensiblen Bereich jedoch besonders vorsichtig vor oder fragen Sie einen Experten. Denn wählen Sie hier einen falschen Treiber oder deaktivieren Sie die Hardware, können Sie diese eventuell nicht mehr korrekt oder gar nicht nutzen.

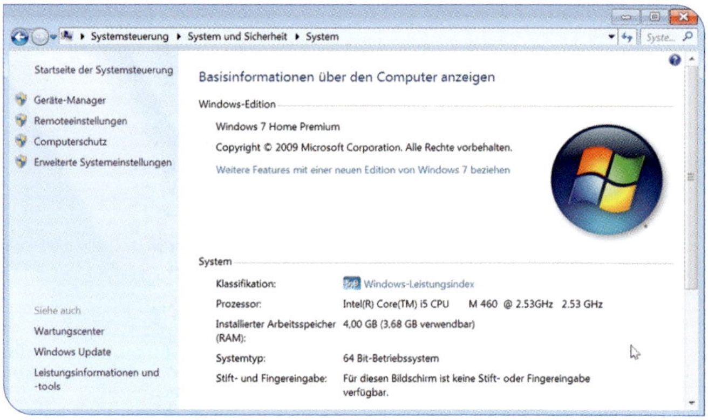


***Unter „System" erfahren Sie die Basisausstattung Ihres PCs.***

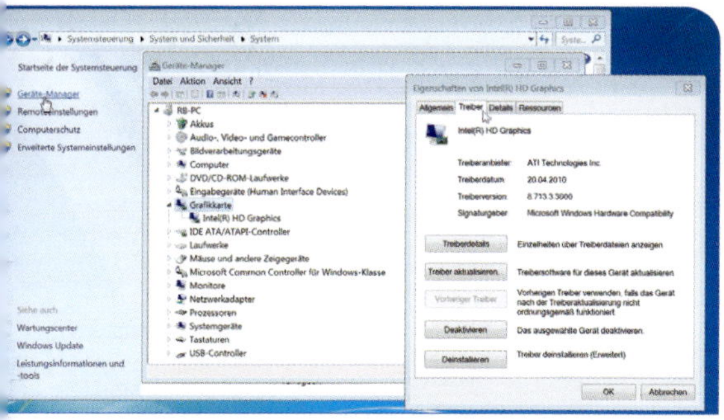


***Im Geräte-Manager können Sie weitere Hardware-Infos abrufen.***

**Tipp:** Alternativ finden Sie den „Geräte-Manager" auch in der „Computerverwaltung" unter „Systemsteuerung/System und Sicherheit/Verwaltung".

## Kann ich die Festplattenaufteilung verändern?

Ja, das geht. Die meisten Hersteller liefern einen Computer mit einer Festplatte aus, die auch im System als solche angezeigt wird. Das ist aber nicht immer sinnvoll. Darum besteht die Möglichkeit eine Festplatte so zu konfigurieren, dass sie im System in mehrere Datenträger aufgeteilt und angezeigt wird. Allerdings sollten auch hier nur Experten an den Stellschrauben drehen, denn im Handumdrehen sind Daten verloren oder ein System ist nicht mehr lauffähig.

## Wie wird der Monitor eingestellt?

Die Auflösung eines Monitors ist von der Hardware vorgegeben. Er hat eine bestimmte Anzahl horizontaler und vertikaler Bildpunkte. Die unterschiedlichen Auflösungen haben verschiedene Bezeichnungen. Ein Modell mit einer Auflösung von 640 x 480 Bildpunkten nennt man VGA (heute kaum noch in Verwendung), ein Monitor mit 1600 x 900 wird als WSXGA-Standard bezeichnet, ein Display mit 1680 x 1050 Bildpunkten wird WSXGA+ genannt. Windows 7 kann die verschiedenen Spezifikationen erkennen und die entsprechenden Treiber einstellen. Sie können die Anzeige aber auch manuell anpassen. Außerdem kann der Displayinhalt auf einem zweiten Monitor oder Beamer (Projektor) ausgeben werden.

***In der Computerverwaltung können Sie Datenträger anpassen.***

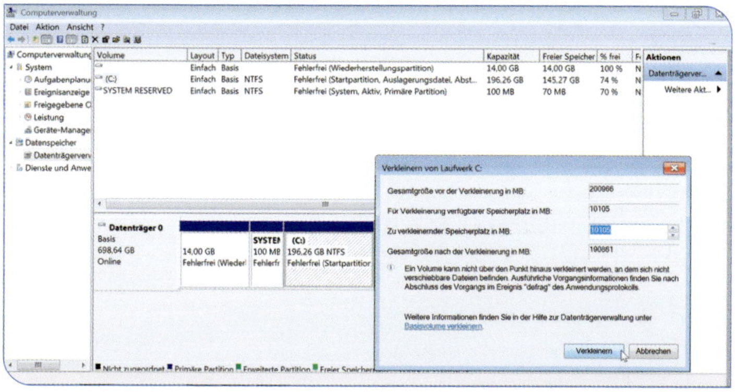

## Wo kann ich die Auflösung verändern?

Hierzu öffnen Sie auf dem Desktop Ihres Rechners das Kontextmenü (rechte Maustaste drücken). Der Eintrag „Bildschirmauflösung“ führt Sie zum Einstellungsfenster, in dem Sie über ein Pull-down-Menü die verfügbaren Einstellungen abrufen und markieren können. Übernehmen Sie im Anschluss die Änderungen mit einem Klick auf die Schaltfläche „Übernehmen“. Windows übernimmt die Änderungen nun zur Probe und bietet Ihnen die Möglichkeit, in einer Auswahl die neue Bildschirmauflösung zu akzeptieren oder die alte wiederherzustellen.

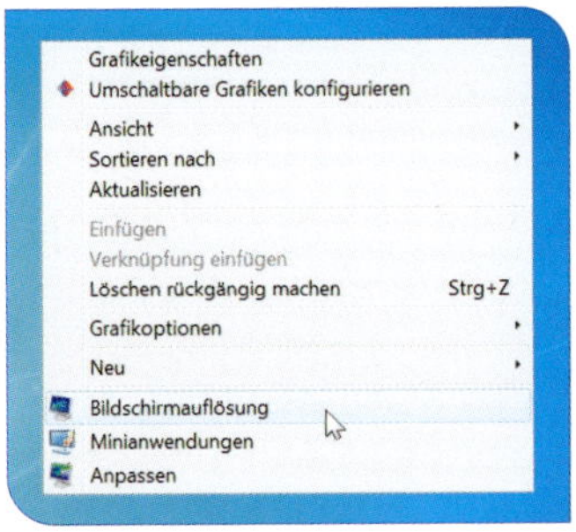


***Über das Kontextmenü des Desktops können Sie die Bildschirmauflösung aufrufen.***

## Kann ich mehrere Monitore nutzen?

Moderne Grafikkarten bieten in der Regel Anschlussmöglichkeiten für mehrere Displays an. Das gilt sowohl für Desktop-Rechner als auch für mobile Notebooks. Dieses Feature ist praktisch, denn Windows bietet verschiedene Möglichkeiten,

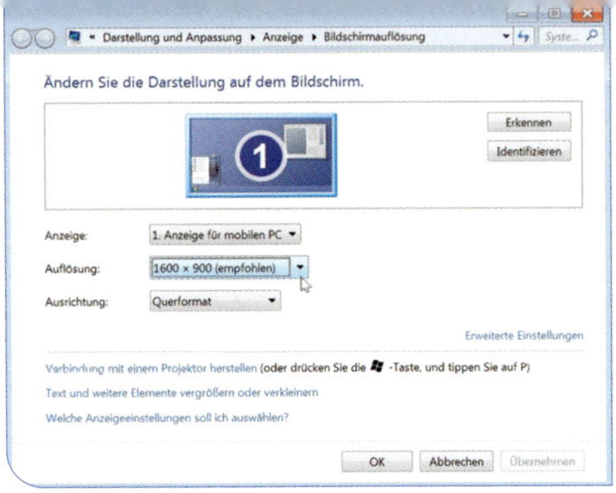


***Ändern Sie die Parameter des Displays einfach über die Pull-down-Menüs.***

ein zweites Display zu nutzen. Beispielsweise kann die Anzeige auf dem zweiten Monitor dupliziert werden. Sie können die Anzeige aber auch erweitern. So erhalten Sie mehr Platz für Icons und Programme, denn der Desktop erstreckt sich nun über zwei Monitore. Beispielsweise lässt sich so das Fenster des E-Mail-Programms auf Display A anzeigen, während Sie auf Display B ein Bild bearbeiten. Eine weitere Möglichkeit: Sie nutzen ein Programm, das mit mehreren Fenstern arbeitet. Diese lassen sich dann mit dem Mauszeiger erfassen und auf die angeschlossenen Monitore verteilen, z. B. die Werkzeugleiste einer Bildbearbeitung

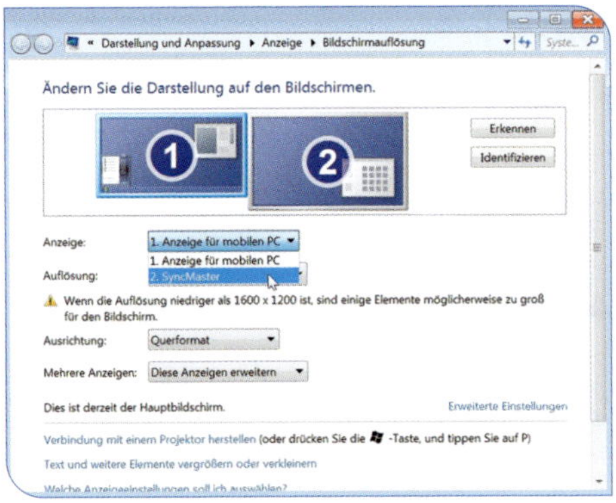


***Viele Rechner können mit zwei oder mehr Monitoren arbeiten.***

auf dem einen Bildschirm und das Bearbeitungsfenster auf dem anderen. Wählen Sie eine Option aus dem Pull-down-Menü „Mehrere Anzeigen" oder nutzen Sie die Tastenkombination „Windows-Taste + P" um die Einstellungen für den Monitor zu ändern.

### Welches Display ist 1 und welches ist 2?

Um diese Frage zu klären, klicken Sie auf den Button „Identifizieren" und Windows blendet eine 1 bzw. eine 2 auf dem jeweiligen Display ein. Um die Einstellungen für Display 1 bzw. 2 anzupassen, wählen Sie dieses im Pull-down-Menü aus oder klicken Sie auf das entsprechende Displaysymbol. Nutzen Sie zwei Monitore im Erweiterten-Modus, ist die Anordnung in der Vorschau nicht zwingend mit der auf Ihrem Schreibtisch identisch. Beispielsweise kann Monitor 2 links von 1 stehen oder umgekehrt. Um dies der tatsächlichen Anordnung anzupassen, ergreifen Sie ein Display in der Vorschau mit dem Mauszeiger (linke Maustaste gedrückt halten) und verschieben Sie es entsprechend.

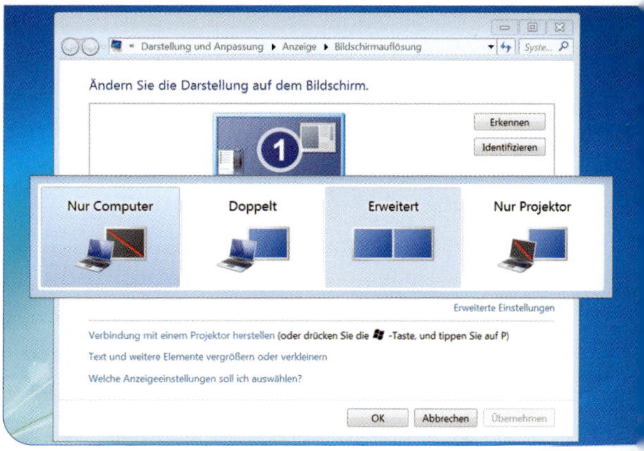


***Es gibt verschiedene Möglichkeiten das Display einzubinden.***

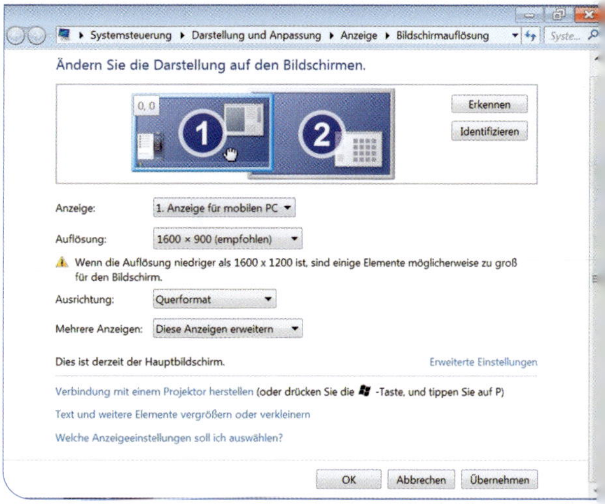


***Ordnen Sie die Monitore per Drag and Drop, wie diese tatsächlich auf dem Schreibtisch stehen.***

### Anzeige erweitern

| Option | Beschreibung |
|---|---|
| **Anzeige duplizieren** | Der Desktop wird auf beiden Displays parallel angezeigt. |
| **Anzeige erweitern** | Der Desktop wird auf Display 2 erweitert. |
| **Nur auf 1 anzeigen** | Es wird nur Display 1 genutzt. |
| **Nur auf 2 anzeigen** | Es wird nur Display 2 genutzt. |

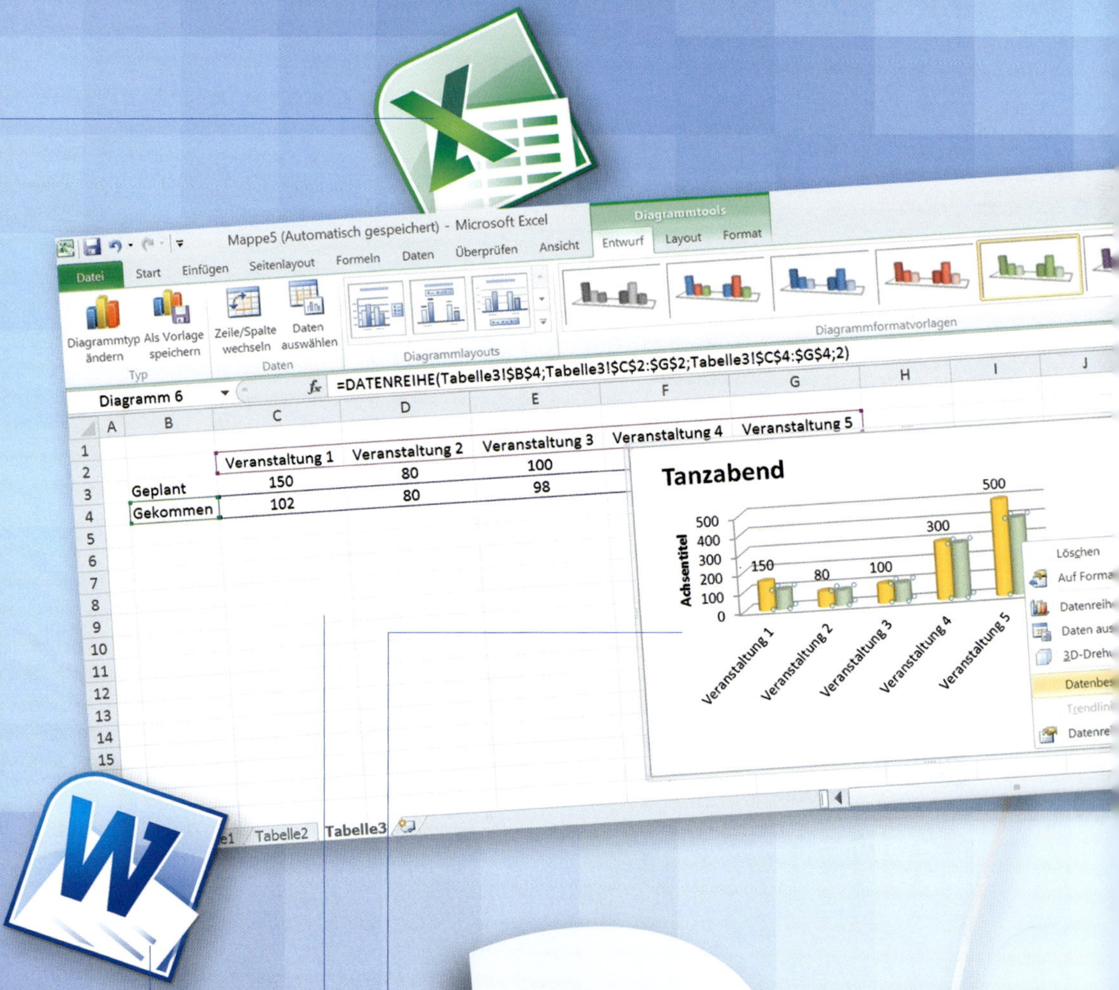


# Word

# Excel

# Tabellen

# Grafiken & Bilder

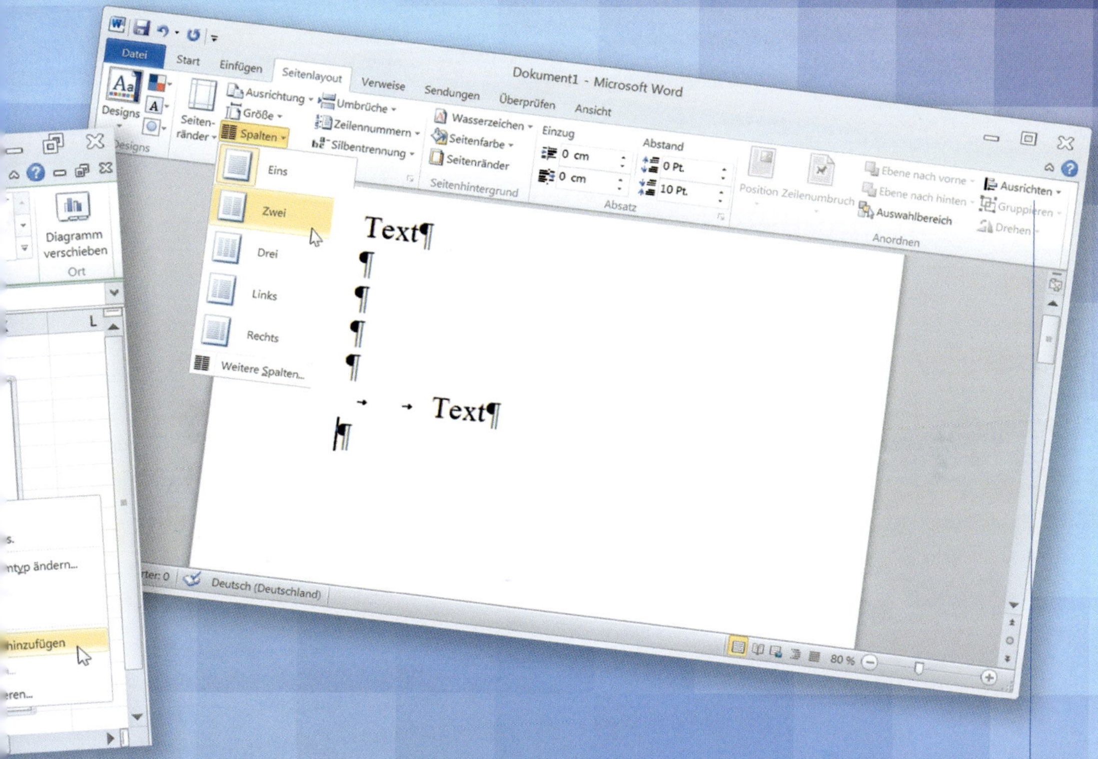


# Wichtige Office-Programme

Formatierung

Drucken

# Word – die moderne Schreibmaschine

Die Textverarbeitung ist wohl eine der häufigsten Aufgaben, die mit einem Computer erledigt werden. Egal, ob beruflich oder privat, kaum ein Anwender bearbeitet nicht von Zeit zu Zeit ein Textdokument. Weit verbreitet ist für diesen Zweck das Programm Word von Microsoft, das in einer abgespeckten Version bereits im Lieferumfang vieler Rechner enthalten ist. Wer mehr möchte kann eine sogenannte Product Key Card kaufen, die einen Zahlen-Schlüssel enthält, mit der man die Basisversion zu einer höheren erweitern kann. Alternativ zu Word gibt es natürlich auch noch viele andere Produkte wie beispielsweise das kostenlose Office-Paket OpenOffice, das neben einer Textverarbeitung auch noch eine Tabellenkalkulation, ein Präsentationsmodul und mehr mitbringt.

Auch Word kommt in der Regel nicht allein daher. Das Textverarbeitungsmodul steckt im Office-Paket von Microsoft. Viele neue PCs werden bereits mit Office Starter 2010 ausgeliefert, einem Paket mit Word Starter und Excel Starter, der Tabellenkalkulation von Microsoft. Die Starter-Versionen sind im Vergleich zu den anderen Paketen von Office 2010 im Funktionsumfang reduziert und mit Werbeeinblendungen versehen. Für die ersten Schritte mit einer Textverarbeitung reicht die Starter-Variante aber aus. Wer mehr möchte, kann sein Paket mit wenigen Klicks aufrüsten.

***Mit einer Product Key Card können Sie eine Starter-Version aufrüsten.***

### Starter oder großes Paket?

Wenn Sie die Starter-Version auf Ihrem Rechner vorinstalliert haben, dann sollten Sie zunächst mit dieser arbeiten. Wollen Sie mehr, können Sie später immer noch aufrüsten. Was in der Starter-Version u. a. fehlt, sind Funktionen wie Nachverfolgen von Änderungen, Kommentare aber auch ein Kennwortschutz für Dokumente. Wir arbeiten mit Office Home and Business, eine Variante des Pakets mit Word 2010, Excel 2010, PowerPoint 2010, OneNote 2010 und Outlook 2010. Natürlich können wir hier nur einen kleinen Teil des umfangreichen Office-Pakets vorstellen. Dabei beschränken wir uns auf die wichtigsten Funktionen, die Sie beim Umgang mit Office-Lösungen kennen sollten.

### Was kann Word mehr als ein Texteditor?

Word unterscheidet sich deutlich von einem normalen Texteditor wie „Editor" von Windows, denn im Gegensatz zu einem Editor kann man mit Word Texte gestalten, beispielsweise verschiedene Schriften nutzen, Tabulatoren setzen oder Bilder einbinden. Mit einem Programm wie Word können Sie also nicht nur einfache Briefe schreiben, sondern auch kreativ gestalten.

### Wie kann ich mit Word schreiben?

Öffnen Sie das Programm und schon wird Ihnen ein leeres Dokument angezeigt, dass Sie bearbeiten können. Beim Tippen springt der Cursor am Zeilenende automatisch in die nächste Zeile. Sie müssen also nicht an jedem Zeilenende die Enter-Taste drücken. Diese ist dazu da, um einen neuen Absatz anzulegen. Wenn sie ein zweites Mal auf die Enter-Taste drücken, wird eine Leerzeile zwischen zwei Absätzen eingefügt.

### Kann ich Texte löschen?

Mit Word lassen sich Texte löschen. Platzieren Sie den Cursor vor oder hinter dem zu löschenden Wort oder der Textpassage. Steht der Cursor davor, drücken Sie die Entf-Taste um Buchstabe für Buchstabe zu löschen. Steht der Cursor hinter dem zu löschenden Wort, drücken Sie die Rücklöschtaste (engl. Backspace). Wenn Sie wollen, können Sie aber auch komplette Textpassagen auf einmal löschen. Markieren Sie dafür den gewünschten Bereich mit dem Mauszeiger – Cursor platzieren, linke Maustaste gedrückt halten und Text markieren. Alternativ können Sie den Text auch mit den Pfeiltasten markieren. Platzieren Sie dafür den Cursor vor oder hinter dem Textabschnitt. Halten Sie nun die Shift-Taste gedrückt und markieren Sie den Bereich durch Drücken der Pfeiltasten.

**Tipp:** Ein einzelnes Wort lässt sich mit einem Doppelklick markieren. Fahren Sie einfach mit dem Mauszeiger über das zu markierende Wort und führen Sie mit der linken Maustaste einen Doppelklick aus.

## Wie kann ich Tippfehler finden?

Word hat eine eingebaute Suchfunktion für Rechtschreibung und Grammatik. Wenn die Software beispielsweise ein unbekanntes Wort entdeckt, wird dieses rot unterstrichen. So lassen sich viele Tippfehler relativ leicht auffinden. Haben Sie ein rot unterstrichenes Wort entdeckt, können Sie auch im Kontextmenü nach einem Korrekturvorschlag schauen. Sofern bekannt, bietet Word hier verschieden Alternativen an.

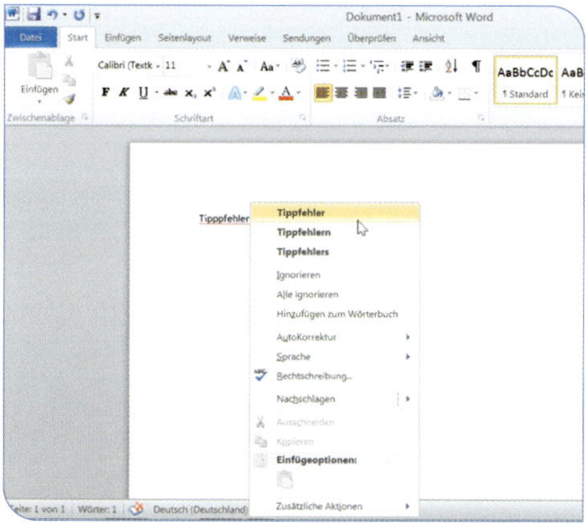


***Die meisten Tippfehler entdeckt Word automatisch.***

## Wie öffne ich ein neues Dokument?

Ein neues Dokument können Sie einfach unter dem Reiter „Datei" öffnen. Neben einem leeren Dokument stehen hier auch noch viele Vorlagen zur Auswahl, die individuell angepasst werden können. Das Layout eines Word-Dokuments kann auf viele Arten verändert werden.

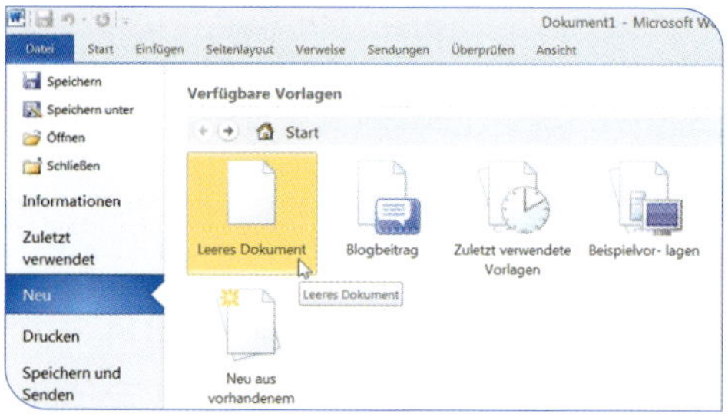


***Öffnen Sie ein neues Dokument unter dem Reiter „Datei".***

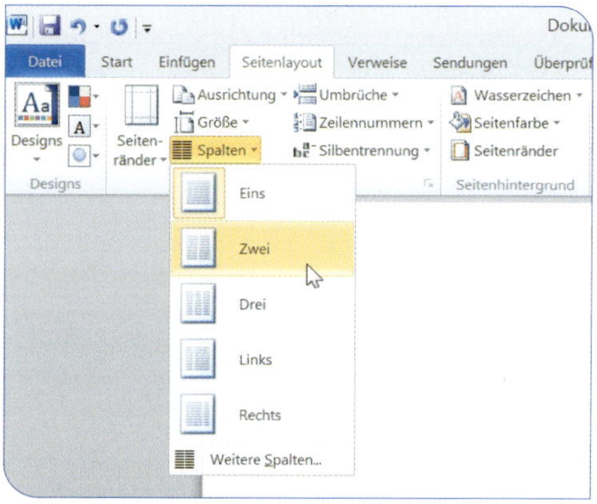


***Unter dem Reiter Seitenlayout lassen sich viele Parameter verändern.***

Wechseln Sie dafür unter den Reiter „Seitenlayout" um beispielsweise den Seitenrand zu definieren. Hierfür stehen in einem Pull-down-Menü verschiedenen Voreinstellungen zur Verfügung. Sie können den Seitenrand aber auch nach eigenen Vorstellungen anpassen.

## Wie lässt sich eine Kopfzeile erstellen?

Wenn Sie sich gerade eine Vorlage zusammenstellen, dann sollten Sie auch an die Kopf- bzw. Fußzeile denken, in die Sie z. B. Ihre Anschrift, ein Logo oder die Bankverbindung schreiben können. Die Kopf- und Fußzeile ist vom Textbereich separat. Wählen Sie einfach unter „Einfügen" das Pull-down-Menü „Kopfzeile" aus und passen Sie die Bereiche an.

## Muss das Layout immer neu erstellt werden?

Wenn Sie sich ein schönes Seitenlayout erstellt haben, beispielsweise für einen Brief, sollten Sie sich das Dokument unter „Vorlagen" abspeichern. Hierzu müssen Sie unter Word 2010 die Registerkarte „Datei" öffnen. Klicken Sie nun auf „Speichern".

**Achtung:** Damit Sie die Formatvorlage später unter „Meine Vorlagen" finden, müssen Sie das Dokument im Verzeichnis „Templates" ablegen.

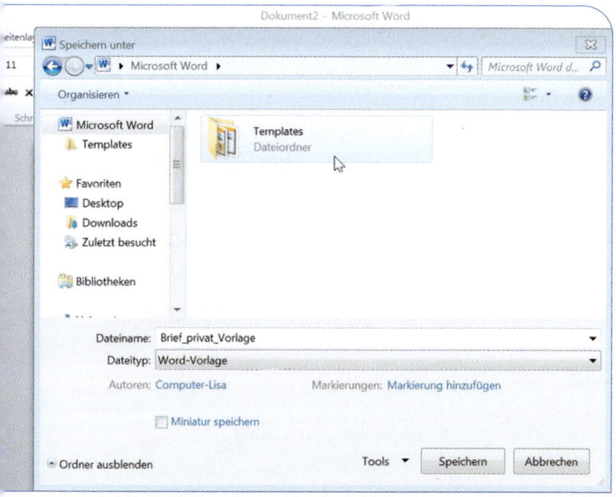


***Vorlagen müssen im Ordner „Templates" gespeichert sein.***

## Wo kann ich andere Dokumente speichern?

Word-Dokumente können Sie in jedem beliebigen Verzeichnis speichern. Wählen Sie beim Abspeichern einfach eines aus dem Verzeichnisbaum aus. Grundsätzlich sollten Sie beim Arbeiten mit Word das Dokument so oft wie möglich speichern. Ein Stromausfall oder ein Hardwaredefekt können in Ihrem Dokument zu Informationsverlusten führen. Dann war die Arbeit umsonst. Am schnellsten können Sie ein Dokument mit einer Tastenkombination speichern. Drücken Sie einfach die Tasten „Strg + S" von Zeit zu Zeit und schon wird das Dokument im angegebenen Verzeichnis gesichert.

## Lassen sich Texte nur im Word-Format ablegen?

Dokumente lassen sich nicht nur im Word-Format ablegen. Wenn Sie einen Text speichern, können Sie in einem Pull-down-Menü den Datei-Typ angeben. Es ist beispielsweise möglich, den Text in einem Word-2003-Format abzulegen, ihn als XPS-Dokument (XPS ist die Abkürzung für XML Paper Specification), als Webseite oder als PDF (Portable Document Format, entwickelt von Adobe) zu speichern. PDF ist ein Dokumentenformat, das auf unterschiedlichen Plattformen läuft und sich dadurch auszeichnet, dass der Inhalt auf unterschiedlichen Systemen identisch dargestellt wird. Das ist bei anderen Formaten leider nicht der Fall.

Die unterschiedlichen Textverarbeitungsprogramme können ein Word-Dokument zwar öffnen, der Inhalt ist aber nicht immer wie ursprünglich vorgesehen. Wenn Sie also ein Dokument an jemanden weitergeben, der kein kompatibles Word-Programm hat, dann sollten Sie das PDF-Format wählen.

**Tipp:** PDF-Daten lassen sich nicht ohne Weiteres bearbeiten. Das kann ein Vorteil aber auch ein Nachteil sein.

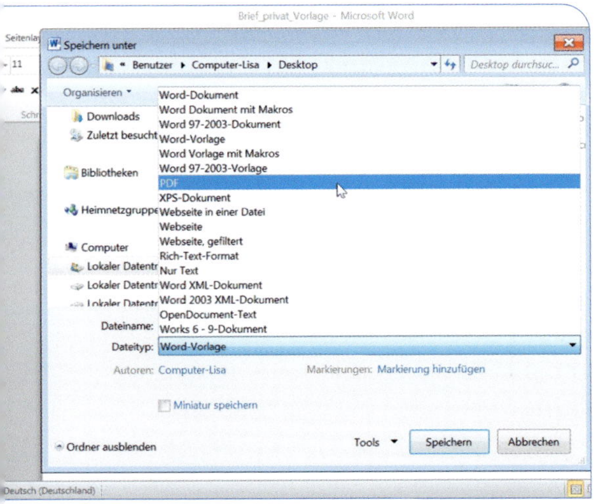


***Word unterstützt unterschiedliche Dateiformate.***

## Wie kann ich die Schrift anpassen?

Word 2010 bietet eine große Auswahl an unterschiedlichsten Schriftarten, die sich in Schriftschnitt, Größe, Farbe usw. verändern lassen. Um eine Schrift anzupassen, können Sie entweder einen bereits vorhandenen Text (oder einen Textteil) markieren und die Schriftart dann auswählen oder eine Schriftart für einen neuen Text bestimmen. Die Einstellungen werden dann ab der aktuellen Cursor-Position übernommen. Wählen Sie im Registerblatt „Start" über das entsprechende Pull-down-Menü Schriftart, Größe usw. aus. Ferner können Sie den sogenannten Schriftschnitt bestimmen, d. h. ob die Buchstaben normal, kursiv oder fett dargestellt werden sollen. Dafür stehen entsprechende Buttons zur Verfügung. Zusätzlich können Sie ein „Schriftart"-Fenster aufrufen, in dem sich alle relevanten Parameter mit der Maus einstellen lassen. Um das Fenster zu öffnen, klicken Sie mit der rechten Maustaste in das Dokument und wählen Sie im Kontextmenü den Eintrag „Schriftart". Auch verschiedene Tastenkombinationen bieten Zugriff auf die Schriftart. Wollen Sie z. B. das „Schriftart"-Fenster öffnen und dabei den Eintrag „Schriftart" markiert haben, dann drücken Sie die Tasten „Strg + Shift + A". Mit „Strg + Shift + P" haben Sie direkten Zugang zur Schriftgröße.

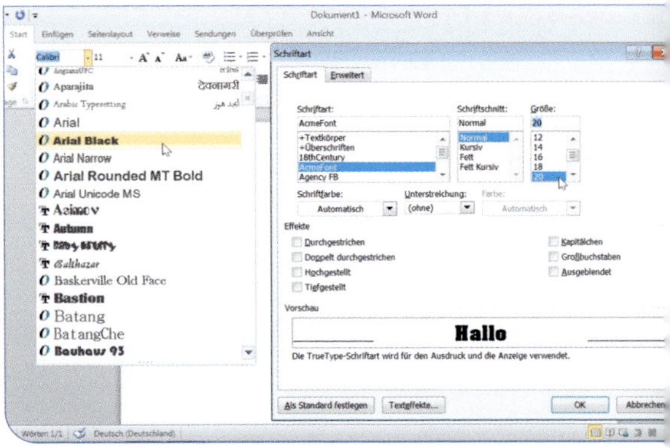


***Schriftarten können Sie unter dem Reiter „Start" oder im „Schriftart"-Fenster anpassen.***

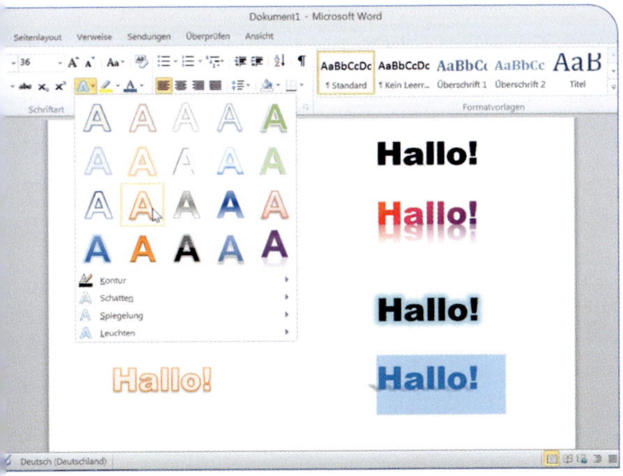


***Schriften können unterschiedlich gestaltet werden.***

**Tipp:** Word 2010 bietet ein schnell zugängliches Textfenster zur Schriftbearbeitung, das sich dann öffnet, wenn Sie mit dem Mauszeiger über einen markierten Textabschnitt fahren. Damit haben Sie direkten Zugriff auf verschiedene Parameter wie Schriftart, Größe oder Farbe.

## Kann ich die Schriftgröße am Monitor verändern?

Sie können die auf dem Monitor angezeigte Schriftgröße verändern (die jedoch nicht mit der für den Papierausdruck gewählten Schriftgröße zu verwechseln ist). Sie wird über die Zoomfunktion in der rechten unteren Ecke mittels eines Schiebereglers oder einer Plus- bzw. Minus-Taste verändert. Mit der Maus zoomen Sie mithilfe der Kombination Strg-Taste und Scroll-Rad der Maus.

## Wie viele Worte habe ich geschrieben?

Mit Word 2010 können Sie Wörter und Zeichen Ihres Textes zählen. Dafür klicken Sie in der unteren Leiste auf „Wörter", um die Statistik einzublenden. Neben der Seitenzahl finden Sie hier Angaben zur Wortzahl, den Zeichen mit und ohne Leerzeichen sowie der Anzahl von Absätzen und Zeilen.

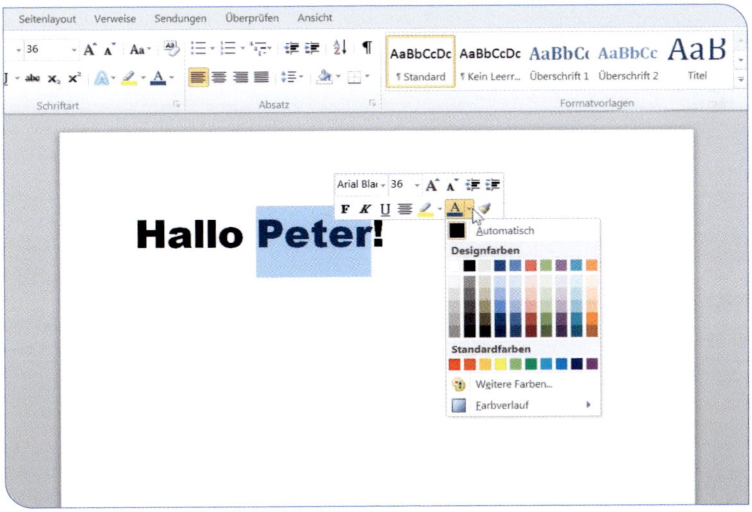


***Über markierten Texten erscheint ein Toolfenster.***

# Absätze formatieren

Texte werden häufig in Absätze gegliedert, was das Lesen erleichter. Um einen Absatz in Word 2010 auszuführen, drücken Sie die Enter-Taste. Außerdem können Absätze eingerückt, nummeriert oder mit einem Leerzeichen vom nächsten Absatz getrennt werden.

### Wo finde ich die Einstellungen für Absätze?

Die Einstellungsmöglichkeiten für Absätze finden Sie unter dem Reiter „Seitenlayout" im Bereich „Absatz" oder im Dialogfeld „Absatz". Zwei Registerblätter bieten die wichtigsten Einstellungen für das Absatzformat.

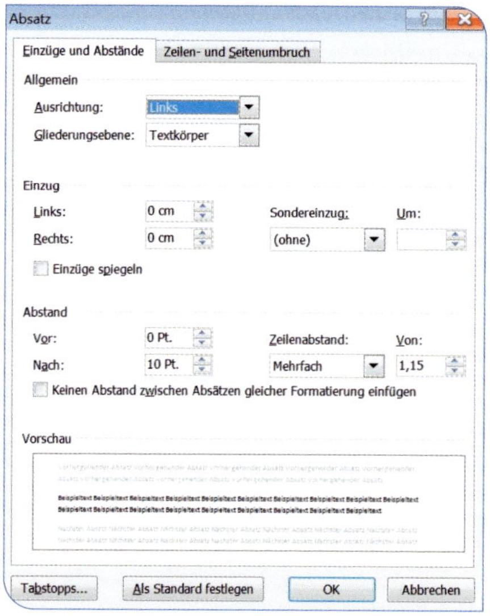


***Das Dialogfeld zum Formatieren von Absätzen.***

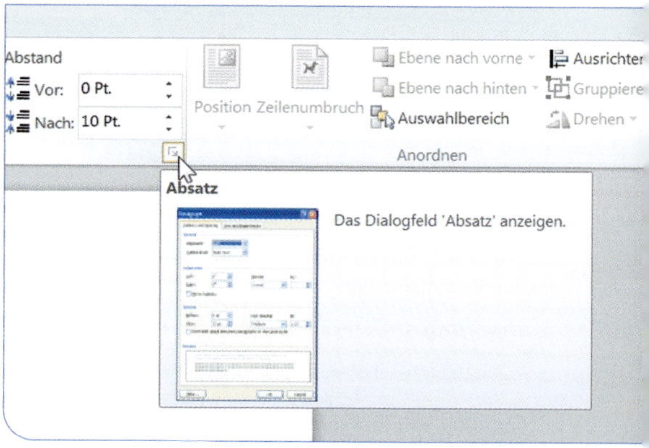


***So öffnen Sie das Dialogfeld „Absatz".***

### Was kann ich im Dialogfeld anpassen?

Die Auswahlmöglichkeiten zur Textausrichtung: links, zentriert, rechts und Blocksatz. Die meisten Texte werden linksbündig ausgerichtet, d. h. alle Zeichen stehen bündig am linken Seitenrand. Das Zeilenende rechts kann je nach Wortlänge variieren. Ebenso ist eine rechtsbündige Ausrichtung möglich. Bei der zentrierten Ausrichtung werden die Zeilenränder rechts und links ungleichmäßig. Alle Zeilen werden zentriert ausgerichtet. Beim Blocksatz (häufig bei Magazinen und Zeitungen verwendet) wird die Schrift links- und rechtsbündig ausgerichtet, was einen sehr geordneten Eindruck macht. Dafür werden die Wortzwischenräume gedehnt. Sollten dabei große Lücken zwischen den Worten entstehen, sollten

Sie den Text entsprechend umbauen (z. B. durch die Verwendung von längeren oder kürzeren Synonymen).

### Was bedeutet Einzug?

Mit der Einstellung „Einzug“ können Sie den Abstand eines Absatzes zum linken bzw. rechten Rand eines Dokuments verändern. Dabei bezieht sich der Wert auf die eingestellten Seitenränder. Wenn Sie den Einzug links z. B. auf zwei Zentimeter einstellen, der linke Seitenrand bereits auf zwei Zentimeter eingestellt ist, dann beginnt der Absatz vier Zentimeter vom Rand.

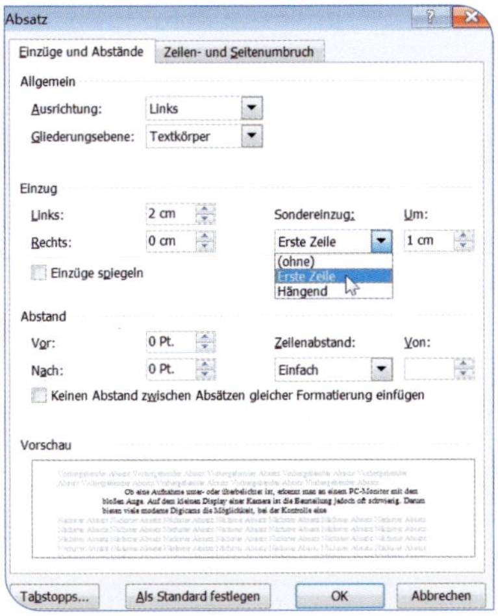


***Hier bestimmen Sie den Einzug.***

Zusätzlich oder separat zum Einzug können Sie einen sogenannten Sondereinzug festlegen. Hier stehen die Optionen „Erste Zeile“ und „Hängend“ zur Auswahl sowie der entsprechende Abstand in Zentimetern. Mit „Erste Zeile“ wird nur die erste Zeile des Absatzes um den entsprechenden Wert eingezogen. Mit „Hängend“ wird der komplette Absatz bis auf die erste Zeile um den angegebenen Wert eingezogen.

### Wie lässt sich der Abstand anpassen?

Zur Anpassung des Abstands zwischen zwei Absätzen öffnen Sie das Dialogfeld „Absatz“. Unter „Abstand“ finden Sie mehrere Optionen: z. B. „Vor“ und „Nach“. Unter „Vor“ legen Sie den Abstand zum vorherigen und unter „Nach“ den zum folgenden Absatz fest. Ferner lässt sich hier auch der Zeilenabstand eines Absatzes bestimmen. In einem Pulldown-Menü können Sie unter verschiedenen Vorgaben wie z. B. „Einfach“, „1,5 Zeilen“ oder „Doppelt“ auch einen eigenen Wert eingeben. Dafür wählen Sie dafür im Pulldown-Menü den Eintrag „Mehrfach“ und geben im Eingabebereich rechts einen Zahlenwert ein. Übernehmen Sie die Änderungen nun mit einem Mausklick auf den Button „OK“.

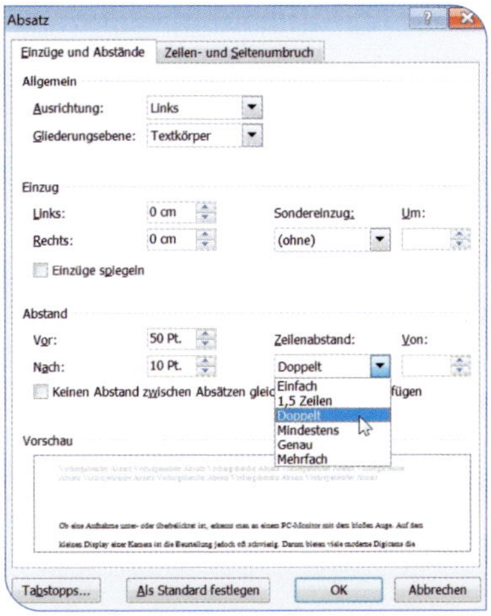


***Hier bestimmen Sie den Zeilenabstand.***

## Wie nutze ich Tabstopps?

Mithilfe von sogenannten Tabstopps lassen sich Texte einfach ausrichten und Sprungpunkte markieren. Diese Punkte können Sie einfach mit der Tab-Taste (links auf der Tastatur, gekennzeichnet mit einem Pfeil nach rechts und einem nach links) ansteuern, um von dort weiterzuschreiben. Jedes Mal, wenn Sie die Tab-Taste betätigen, hüpft der Cursor zum nächsten Tabstopp, d. h. Sie können mehrere Tabstopps hintereinander anlegen. Außerdem können Sie vor den Tabstopps automatisch bestimmte Zeichen einfügen lassen. Um Tabstopps zu setzten, gibt es verschiedenen Möglichkeiten: z. B. können Sie in der Dialogbox „Tabstopps", die Sie im Fenster „Absatz" öffnen können, die Tabstopps formatieren. Dabei können Sie verschiedene Ausrichtungen und Füllzeichen bestimmen, z. B. links- oder rechtsbündig aber auch zentriert. Wählen Sie zentriert, wird der Text entsprechend unter dem Tabstopp zentriert ausgerichtet. Mit dem Tabstopp „Dezimal" richten Sie Zahlen an der Dezimalstelle aus. Das ist praktisch, wenn man mit entsprechenden Zahlen arbeitet und eine gleichmäßige Formatierung erhalten möchte.

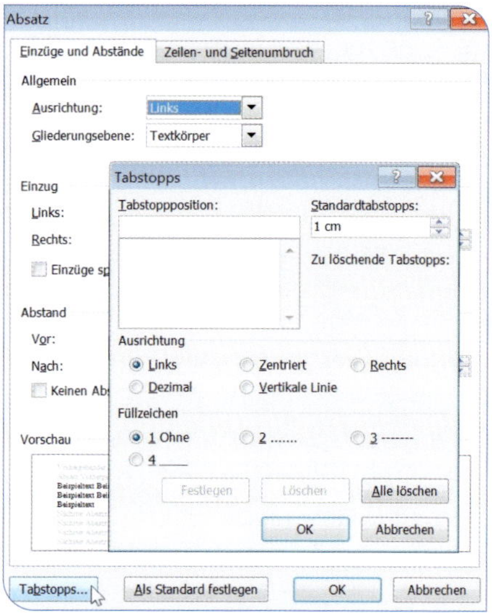


***In diesem Fenster können Sie die Tabstopps festlegen.***

Alternativ können Sie Tabstopps auch am Lineal platzieren. Dafür müssen Sie das Lineal unter dem Reiter „Ansicht" oder mit dem Schalter oberhalb der vertikalen Bildlaufleiste einblenden. Links neben dem Lineal finden Sie ein kleines Quadrat, in dem der aktuell ausgewählte Tabstopp angezeigt wird. Klicken Sie so oft auf die Tabstoppauswahl, bis der gewünschte Tabstopp angezeigt wird.

***Blenden Sie das Lineal ein, um die Tabstopps mit einem Mausklick zu setzen.***

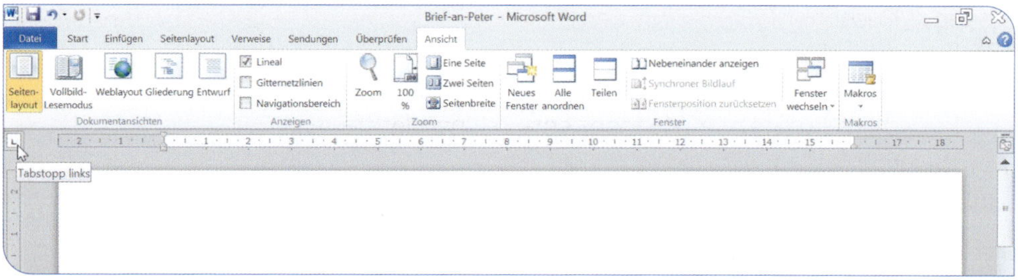

**Tipp:** Zur Überprüfung des am Lineal ausgewählten Tabstopps fahren Sie mit dem Mauszeiger auf das Auswahl-Quadrat und lassen den Zeiger kurz ruhen. Nun wird ein kleines Infofenster eingeblendet, das Ihnen zeigt, um welchen Tabstopp es sich handelt.

Um den Tabstopp zu setzen, klicken Sie einfach auf die entsprechende Stelle auf dem Lineal. Passt die Position nicht exakt, dann ergreifen Sie den Tabstopp mit dem Mauszeiger (linke Maustaste gedrückt halten) und verschieben ihn beliebig. Wenn Sie den Tabstopp erfasst haben, erscheint auf dem Blatt eine vertikale Linie, die das Ausrichten erleichtert.

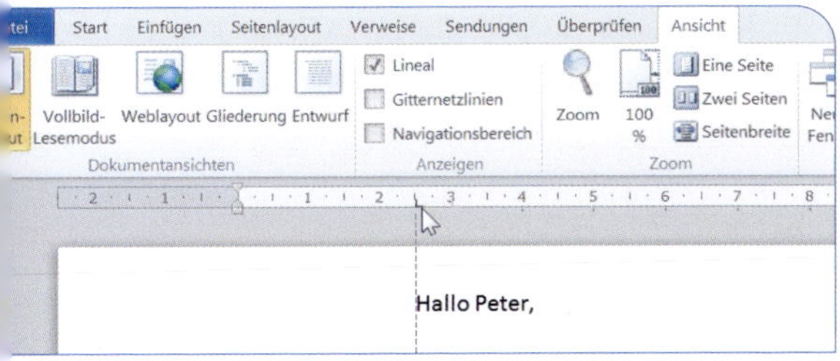


***Auf dem Lineal können Sie Tabstopps einfach mit dem Mauszeiger setzen.***

## Lassen sich Tabstopps löschen?

Tabstopps, die nicht mehr benötigt werden, lassen sich in der Dialogbox „Tabstopps" löschen. Markieren Sie den zu entfernenden Tabstopp und klicken Sie auf die Schaltfläche „Löschen" bzw. „Alle löschen", wenn alle Tabstopps entfernt werden sollen. Außerdem können Sie die Tabstopps einfach mit dem Mauszeiger erfassen und vom Lineal herunterziehen, um sie zu entfernen.

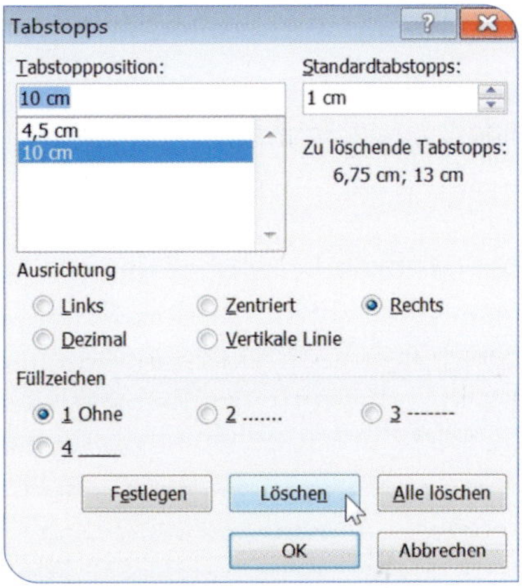


***Tabstopps können Sie mithilfe dieser Dialogbox löschen.***

## Lassen sich Formatierungen übertragen?

Sie müssen nicht jeden Absatz einzeln formatieren, sondern können gleich mehrere Absätze auf einmal bearbeiten oder eine Formatierung als Vorlage in Word 2010 speichern. Wenn Sie alle Absätze eines Textes in gleicher Weise formatieren möchten, dann markieren Sie alle und setzen die entsprechenden Formatierungen.

**Tipp:** Am einfachsten markieren Sie alle Inhalte eines Dokuments, indem Sie die Tastenkombination „Strg + A" drücken. Außerdem werden Formatierungen von einem auf den nächsten Absatz übertragen, wenn Sie die Absätze mit der Enter-Taste voneinander trennen.

# Überprüfen von Dokumenten

In der Registerkarte „Überprüfen“ finden Sie Optionen wie „Rechtschreibung und Grammatik“ oder „Wörter zählen“, Funktionen, auf die wir bereits eingegangen sind. Etwas genauer möchten wir nun die Gruppen „Kommentare“ und „Nachverfolgung“ beleuchten. Sie sind interessant, wenn man ein Dokument mit verschiedenen Anwendern bearbeiten und Informationen innerhalb eines Dokuments austauschen möchte.

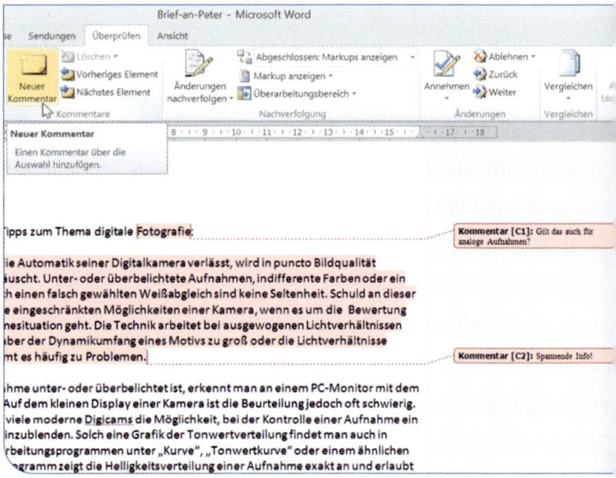


***Fügen Sie Kommentare ein.***

## Wie kann ich Kommentare einbinden?

Kommentare sind nicht nur zur Erstellung eigener Notizen zu einem Text praktisch, sondern auch zur Weitergabe von Kommentaren an andere Personen. Um diese in einen Text einzubinden, finden Sie unter dem Reiter „Überprüfen“ die Gruppe „Kommentare“. Es gibt verschiedene Möglichkeiten, Kommentare einzubinden, z. B. für ein Wort oder einen kompletten Abschnitt.

**Tipp:** Kommentare werden an der aktuellen Cursor-Position eingebunden. Sie können aber auch einen Absatz oder einen Abschnitt markieren und diesen mit einem Kommentar versehen. Mit dem Abspeichern des Dokuments speichern Sie auch die Kommentare ab.

## Lassen sich Kommentare löschen?

Sie können Kommentare natürlich auch wieder löschen, entweder ganz oder teilweise. Dafür finden Sie in der Registerkarte „Überprüfen“ in der Gruppe „Kommentare“ den Schalter „Löschen“. Öffnen Sie das Pull-down-Menü und klicken Sie auf den Eintrag „Den ausgewählten Kommentar löschen“, wenn Sie nur den aktiven Kommentar entfernen wollen oder auf „Alle Kommentare im Dokument löschen“, wenn Sie alle Kommentare löschen wollen. Alternativ finden Sie den Lösch-Befehl auch im Kontextmenü einer Kommentar-Sprechblase.

## Können Änderungen protokolliert werden?

Eine interessante Funktion von Word 2010 ist die Möglichkeit, eine Nachverfolgung für Änderungen zu aktivieren. So können Sie mit einem Blick erkennen, was am Dokument geändert wurde, z. B. wenn ein Kollege Ihren Text noch bearbeitet hat. Schalten Sie einfach die Option „Änderungen nachverfolgen“ in der Registerkarte „Überprüfen“ ein. Dazu öffnen Sie das entsprechende Pull-down-Menü in der Gruppe „Nachverfolgung“ und aktivieren den Eintrag „Änderungen nachverfolgen“. Dann werden alle Änderungen im Dokument angezeigt. Wenn Sie z. B. ein Wort gelöscht haben, wird dieses durchgestrichen und farblich markiert. Ein neu geschriebenes Wort wird ebenfalls farblich markiert und unterstrichen. Wenn Sie die Formatierung eines Wortes geändert haben, erscheint eine Spalte am rechten Rand des Dokuments, ähnlich wie bei einem Kommentar, die die Formatänderung anzeigt. Wenn Ihnen diese Einteilung nicht gefällt, lassen sich die Parameter im Fenster „Optionen zum Nachverfolgen von Änderungen“ anpassen.

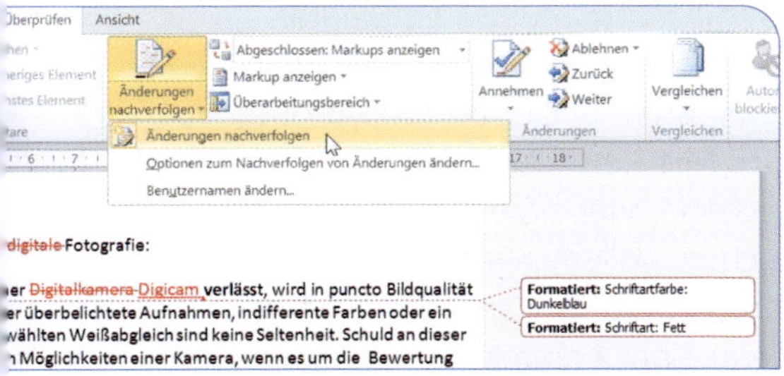


***Änderungen in einem Dokument können angezeigt werden.***

Sie können auch festlegen, welche Änderungen angezeigt werden sollen. Außerdem besteht die Möglichkeit, das Dokument im Original oder überarbeitet ohne Nachverfolgungsmerkmale anzuzeigen. Dazu öffnen Sie in der Gruppe „Nachverfolgung“ das Pull-down-Menü oben rechts und wählen einen Eintrag aus. Darunter finden Sie das Pull-down-Menü „Markup anzeigen“. Hier können Sie wählen, welche Änderungen im Dokument angezeigt werden sollen, z. B. können Sie Formatierungsänderungen abwählen, wenn diese für Sie nicht wichtig sind. Beachten Sie aber, dass diese Änderungen dennoch gespeichert werden, sodass sich die Option jederzeit wieder aktivieren lässt.

## Wie kann ich Änderungen übernehmen?

Mithilfe verschiedener Schaltflächen in der Gruppe „Änderungen“ können Sie die Änderungen in einem Dokument übernehmen oder auch ablehnen. Dies gilt für einzelne oder alle Änderungen in einem Dokument.

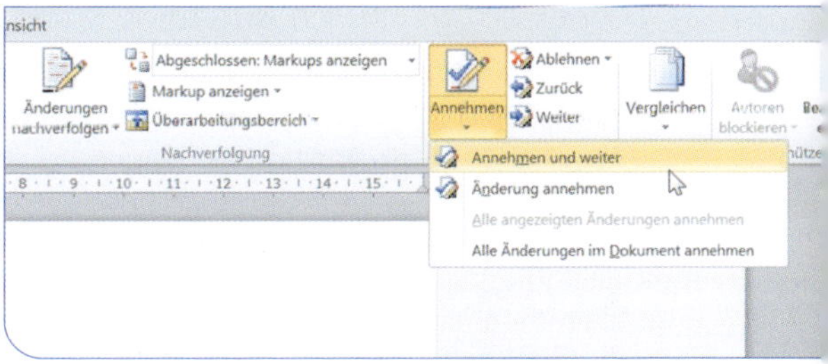


***Hier können Sie die Änderungen übernehmen.***

# Grafiken und Bilder einfügen

Word ist schon seit langem nicht nur eine reine Textverarbeitung, sondern zunehmend ein Layoutprogramm, mit dem Bilder, Grafiken, Tabellen usw. mit Texten verknüpft werden können. Egal, ob ein Firmenlogo am Briefkopf, eine aussagekräftige Tabelle, eine Geburtstagskarte oder ein kleines Magazin gestaltet werden soll, mit Word 2010 können viele dieser grafisch anspruchsvollen Aufgaben bewältigt werden.

## Wie binde ich ein Bild ein?

Hierfür gibt es verschiedene Möglichkeiten: Sie können ein Foto über die Zwischenablage an die aktive Cursor-Position im Dokument kopieren oder aber im Datei-Explorer über die Zwischenablage einbinden. Dafür markieren Sie das Bild und wählen im Kontextmenü den Eintrag „Kopieren" oder Sie betätigen die Tastenkombination „Strg+A", um die Auswahl in die Zwischenablage zu kopieren. Um das Bild nun an der aktuellen Cursor-Position einzubinden, können Sie entweder im Kontextmenü den Eintrag „Einfügen" auswählen oder die Tastenkombination „Strg+V" verwenden. Natürlich gibt es auch die Möglichkeit, Grafiken und mehr über die Registerkarte „Einfügen" in ein Dokument einzubetten. Wählen Sie hierfür unter „Illustrationen" den Schalter „Grafik" um einen Datei-Explorer zu öffnen und ein kompatibles Bild auszuwählen.

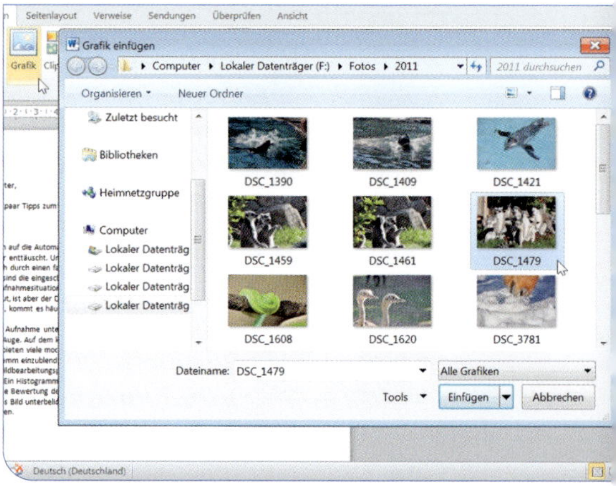


***Mit einem Doppelklick können Sie ein Foto übernehmen.***

## Wie kann ich das Bild bearbeiten?

Word 2010 bietet verschiedene Möglichkeiten, um ein Foto zu bearbeiten. Wenn Sie das Bild mit dem Mauszeiger anklicken, erscheinen verschiedene Anfasser am Bildrand, mit denen Sie das Foto durch deren Positionierung an den Bildecken verkleinern oder vergrößern können. Mithilfe der Anfasser in der Mitte, können Sie ein Bild horizontal oder vertikal strecken oder stauchen. Ferner befindet sich am oberen Rand mittig ein grüner Punkt. Wenn Sie diesen mit dem Mauszeiger erfassen, dann können Sie das Bild um die eigene Achse drehen. Wenn Sie die Proportionen einer Grafik exakt ändern wollen, dann öffnen Sie das Kontextmenü.

## Lässt sich die Bildqualität verbessern?

Word 2010 bietet viele weitere Bildbearbeitungsmöglichkeiten. Wenn Sie ein Bild im Text markiert haben, erscheint im oberen Fensterbereich die Registerkarte „Bildtools". Außerdem finden Sie im Kontextmenü den Eintrag „Grafik formatieren", mit dem Sie ein Fenster mit verschiedenen Bearbeitungsoptionen öffnen können. Beispielsweise lassen sich hier Helligkeit und Kontrast einer Aufnahmen verändern oder ein Filter einsetzen.

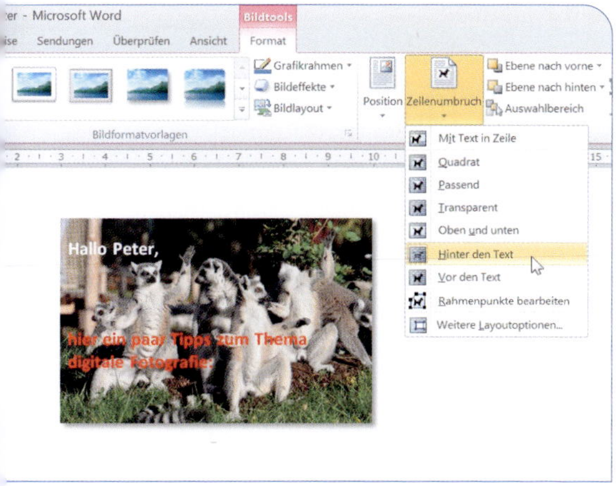


***Die „Bildtools" bieten viele Bearbeitungsmöglichkeiten.***

## Kann ich weitere Elemente einfügen?

Neben Bildern lassen sich noch weitere Elemente in Word-Dokumente einbetten, z. B. Cliparts (im Internet zur privaten Nutzung meist kostenfrei verfügbare Bilder und Embleme), Diagramme oder Screenshots (Bildschirmfotos in Rastergrafik).

Sie können Texte aber auch mit einem Hyperlink (ein Querverweis, von engl. „link" für „Verknüpfung, Verweis") verknüpfen und so einen direkten Zugang zu Webseiten oder E-Mail-Programmen schaffen. Wenn Sie beispielsweise einen Namen mit einer E-Mail-Adresse verknüpfen wollen, dann markieren Sie den entsprechenden Namen und klicken Sie nun die Schaltfläche „Hyperlink" an, um eine Dialogbox zu öffnen. Hier können Sie auswählen, ob Sie den markierten Abschnitt mit einer Datei, Webseite oder einer E-Mail-Adresse verknüpfen wollen. Wenn Sie sich für eine Webseite entschieden haben, dann geben Sie unter „Adresse" den entsprechenden Link ein.

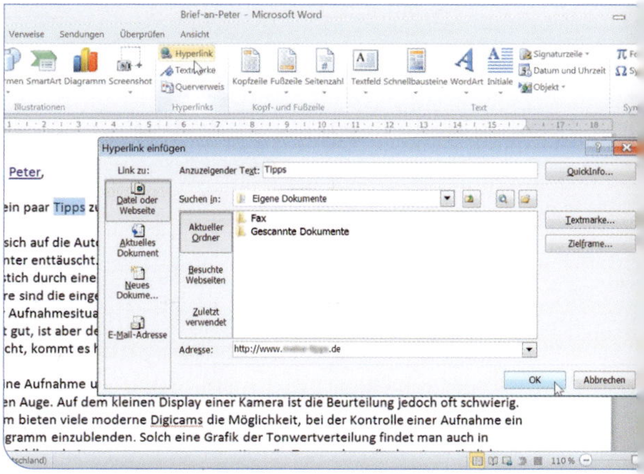


***Ein Text kann mit einem Hyperlink verknüpft werden.***

# Excel – der Tabellenkalkulator

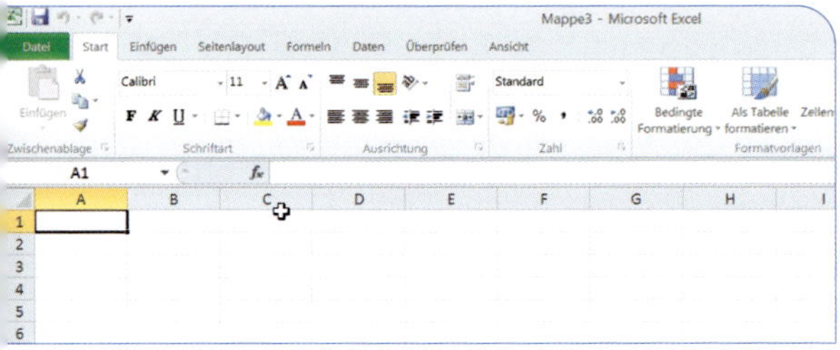


***So sieht ein leeres Tabellenblatt aus.***

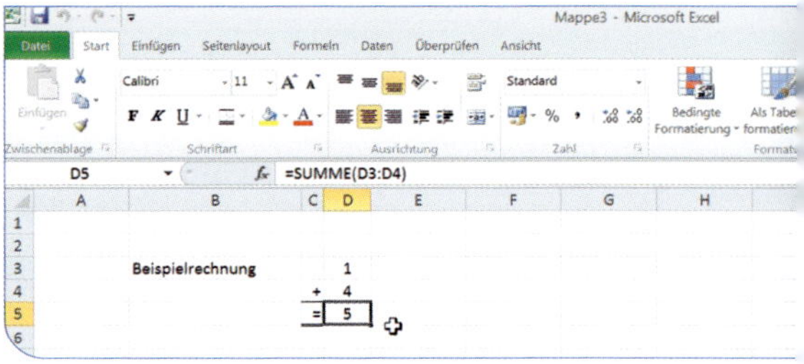


***Eine Formel wird in der Bearbeitungszeile angezeigt, das Ergebnis in der Zelle.***

Neben Word ist vermutlich Excel von Microsoft eines der verbreitetsten Office-Anwendungen. Das gigantische Tabellenkalkulationsprogramm ist für viele Aufgaben gerüstet und eignet sich u. a. zum Erstellen von Tabellen, zum einfachen Rechnen und zum Verknüpfen umfangreicher Formeln und dem Erstellen von Diagrammen. Excel kann also deutlich mehr als ein kleiner Taschenrechner. Einen kleinen Überblick über die vielen Funktionen erhalten Sie hier.

Wenn Sie Excel öffnen, zeigt Ihnen das Programm eine große Arbeitsfläche, die wie eine Tabelle in Zeilen und Spalten aufgeteilt ist. Die Zeilen (vertikal) sind mit Nummern versehen, die Spalten (horizontal) mit Buchstaben. So erhält man als Bezeichnung für jede Zelle in dieser Tabelle eine Kombination aus Buchstabe und Zahl, um diese genau zu lokalisieren. Die erste Zelle oben links auf dem Tabellenblatt heißt somit A1. Welche Zelle gerade ausgewählt ist, wird im sogenannten Namensfeld angezeigt, das sich zwischen Tabellenblatt und Registerkarten befindet. Daneben liegt die Bearbeitungsleiste, in der der Inhalt der markierten Zelle, z. B. ein Text oder eine Formel, angezeigt wird. Auch wenn es bei einem Text nicht unbedingt sinnvoll ist, dass er sowohl in der Zelle als auch in der Bearbeitungsleiste angezeigt wird, so ist es bei anderen Werten, z. B. bei einer Formel, durchaus sinnvoll. Denn in so einem Fall wird die Formel selbst in der Bearbeitungszeile angezeigt, während das Ergebnis in der Zelle gezeigt wird.

## Wie öffne ich ein Tabellenblatt?

Excel wird in der Grundeinstellung immer mit einem leeren Tabellenblatt geöffnet, sodass Sie sofort beginnen können. Natürlich können Sie unter dem Reiter „Datei“ auch eine neue Tabelle aufrufen oder eine der vielen Vorlagen öffnen. Ebenso lassen sich eigene Vorlagen speichern oder die Texte formatieren. Dies geht im Prinzip ähnlich wie in der Textverarbeitung Word 2010, darum klammen wir die Textformatierung unter Excel aus.

## Wie richte ich eine Tabelle ein?

Öffnen Sie zunächst ein neues Tabellenblatt und passen Sie Hintergrundfarbe, Schriftart und -farbe Ihren Vorstellungen an. Nun überlegen Sie sich einen sinnvollen Tabellenaufbau. Wenn Sie z. B. eine Adressenliste erstellen wollen, sollten Sie in die oberste Zeile entsprechende Sammelbegriffe wie Name, Vorname, Telefonnummer und Anschrift eintragen. Tragen Sie nun die Daten in die entsprechenden Zeilen ein. Sie werden schnell bemerken, dass die vorhandenen Zellen oft zu klein sind, um alle Informationen aufzunehmen. Die Größe können Sie aber leicht anpassen.

## Lässt sich die Spaltenbreite anpassen?

Es kommt nicht selten vor, dass die Spaltenbreite für eine optisch ansprechende Tabelle nicht sinnvoll ist. Darum bietet Excel die Möglichkeit, sowohl die Spaltenbreite, als auch die Zeilenhöhe zu definieren. Dafür gibt es verschiedene Möglichkeiten. Fahren Sie mit dem Mauszeiger einfach auf die Grenzlinie zwischen den Zeilen- bzw. Spaltennamen. Halten Sie diese Linie mit dem Mauszeiger fest (linke Maustaste gedrückt halten) und verschieben Sie diese beliebig. Wollen Sie die Spalte bzw. Zeile exakt an den größten Zelleneintrag anpassen, reicht auch ein Doppelklick auf die entsprechende Linie.

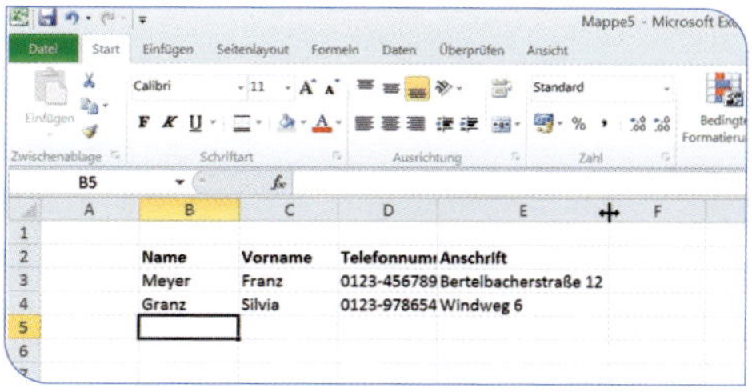


***Passen Sie die Spaltenbreite mit einem Doppelklick an.***

## Wie fixiere ich Zellen?

Gerade bei langen Listen wie Adressenlisten kommt es häufig vor, dass die Überschriften für die einzelnen Zeilen beim Scrollen verschwinden. Um dies zu vermeiden, können Sie einzelne Spalten und/oder Zeilen einfrieren. Excel bietet dafür verschiedenen Möglichkeiten: z. B. können Sie, ausgehend von der aktuellen Cursor-Position, die Zeile und Spalte oberhalb bzw. links davon fixieren. Wenn Sie nun durch die Tabelle scrollen, bleiben diese Bereiche unverändert. Außerdem können Sie auch nur die oberste Zeile oder erste Spalte einfrieren.

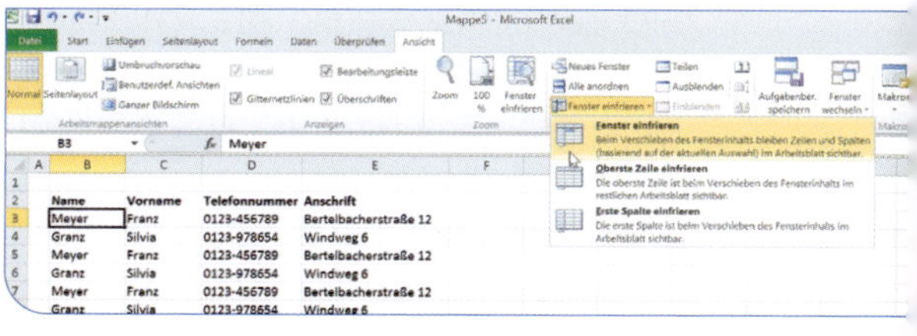


***Frieren Sie Spalten oder Zeilen ein, wenn Sie durch lange Tabellen scrollen müssen.***

## Kann ich die Schriftart verändern?

Um eine Zelle mit Inhalten zu füllen, wählen Sie diese einfach mit dem Mauszeiger aus und geben über die Tastatur Texte oder Zahlen ein. Dabei können Sie in jede Zeile unterschiedliche Zeichen eingeben und diese auch unterschiedlich formatieren, z. B. in Schriftart, Farbe und Größe. Die Vorgehensweise ist dabei ähnlich wie bei Word 2010. Die Einstellungen finden Sie in der Registerkarte „Start".

## Wie füge ich neue Spalten, Zeilen oder Zellen ein?

Zunächst müssen Sie bestimmen, an welchem Ort eine neue Spalte, Zeile oder Zelle eingefügt werden soll. Dafür markieren Sie eine passende Zelle auf der Arbeitsmappe, dem Tabellenblatt. Wählen Sie nun im Registerblatt „Start" das Dialogfeld „Zelle". Hier haben Sie die Auswahl zwischen „Einfügen", „Löschen" und „Format". Öffnen Sie das Pull-down-Menü „Einfügen" und wählen Sie den Eintrag „Zelle einfügen" aus. In einer neuen Dialogbox können Sie nun auswählen, ob Sie die markierte Zelle nach rechts oder nach untern verschieben wollen. Außerdem können Sie eine ganze Zeile oder Spalte einfügen. Wählen Sie die entsprechende Option mit dem Mauszeiger aus und übernehmen Sie diese mit einem Klick auf die OK-Taste.

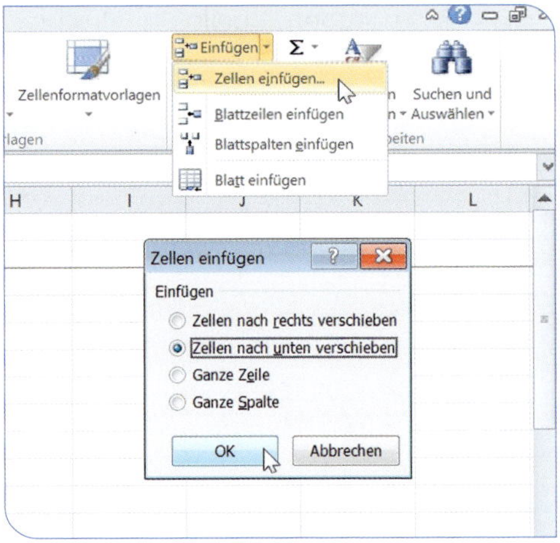


***Hier fügen Sie Zellen, Zeilen oder Spalten ein.***

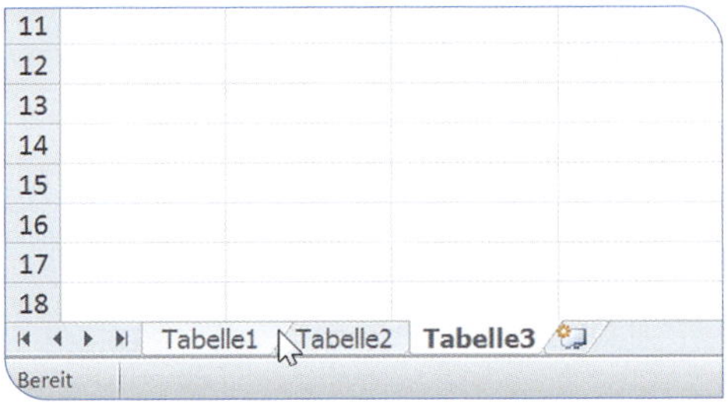


***Hier sehen Sie, wie viele Tabellenblätter in Ihrem Dokument stecken.***

**Tipp:** Sie können mit mehreren Tabellenblättern arbeiten, die miteinander verknüpft werden können. Wie viele Tabellenblätter in Ihrem Projekt vorhanden sind, sehen Sie im unteren Bereich des Fensters.

## Wie kann ich Tabellen sortieren?

Gerade bei langen Tabellen geht schnell der Überblick verloren. Darum ist es ratsam, diese numerisch oder alphabetisch zu sortieren. Markieren Sie zunächst den Bereich, der sortiert werden soll. Dazu wählen Sie die erste Zelle aus, halten die linke Maustaste gedrückt und fahren mit dem Mauszeiger bis zur letzten Zelle. Alle markierten Zellen sollten nun farbig hinterlegt sein. Alternativ können Sie zum Markieren der Zellen auch die Pfeiltasten in Kombination mit der Shift-Taste verwenden.

Wechseln Sie im Registerblatt „Daten" in das Dialogfeld „Sortieren und Filtern". Mit einem der beiden Schnellsortier-Buttons (gekennzeichnet durch „AZ" bzw. „ZA" und einem Pfeil nach unten) können Sie die markierte Liste mit einem Mausklick sortieren. Wählen Sie „AZ", wird der niedrigste Wert an den Anfang gesetzt, d. h. die Abfolge lautet 1, 2, 3 … bzw. A, B, C etc. Entgegengesetzt erfolgt die Sortierung, wenn Sie „ZA" anklicken.

Sie können aber noch weitere Sortierkriterien festlegen. Klicken Sie dafür auf den Button „Sortieren" um das Dialogfenster „Sortieren" zu öffnen. Hier haben Sie die Möglichkeit, nach verschiedenen Spalten zu sortieren, beispielsweise erst nach der Spalte „Namen", dann nach Vornamen etc. Das macht dann Sinn, wenn identische Namen in der Liste stehen.

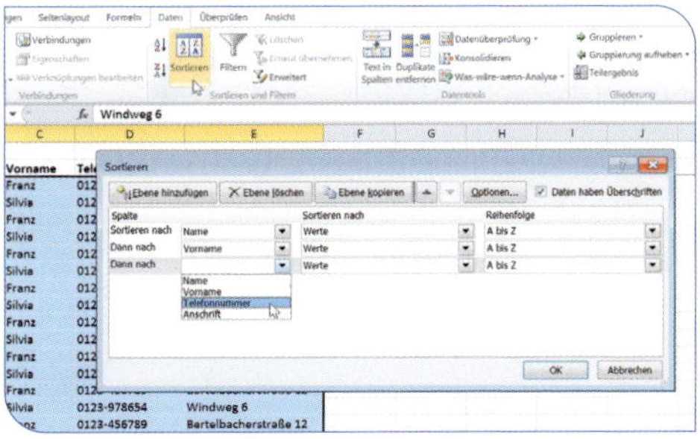


***Mehrere Sortierkriterien festlegen.***

## Kann ich Einträge suchen lassen?

Um in großen Tabellen schnell einen Eintrag zu finden, bietet Excel eine Suchfunktion an, die Sie im Registerblatt „Start" finden oder mit der Tastenkombination „Strg + F" aufrufen können. Geben Sie hier unter „Suchen nach" einfach den Suchbegriff ein und klicken Sie entweder auf „Alle suchen" um eine Liste mit allen zum Suchbegriff passenden Zellen anzuzeigen oder auf „Weitersuchen", um eine einzelne Zelle im Tabellenblatt zu markieren.

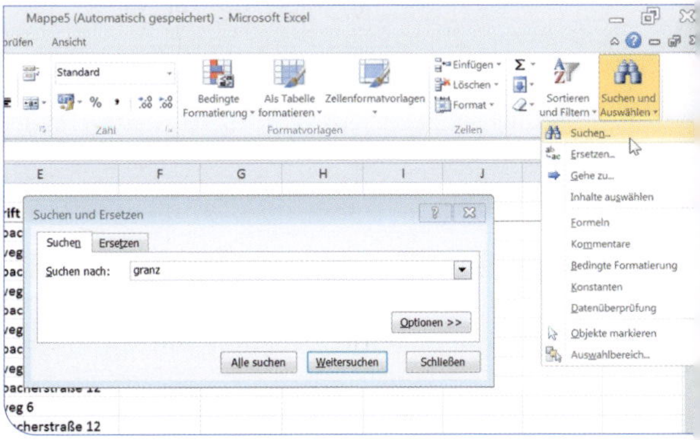


***In dieses Dialogfeld können Sie Suchbegriffe eingeben.***

## Kann ich Excel rechnen lassen?

Excel kann mehr als nur Adresslisten organisieren. Beispielsweise können Sie einfache aber auch komplexe Rechenaufgaben mit der Tabellenkalkulation abarbeiten. Hier kann lediglich das Grundprinzip des Rechnens mit Excel behandelt werden, eine komplette Übersicht über die Möglichkeiten würde dieses Buch sprengen.

## Wie rechne ich mit Excel?

Sie haben bereits verschiedene Zahlen in eine Tabelle eingetragen, die Sie berechnen wollen, z. B. addieren, subtrahieren, multiplizieren oder dividieren. Wählen Sie zunächst die Zelle, in der das Ergebnis ausgegeben werden soll. Tragen Sie in die Zelle ein „="-Zeichen ein, gefolgt vom Zellennamen, der bearbeitet werden soll, dem mathematischen Zeichen und einem weiteren Zellennamen. Ein Beispiel: Wollen Sie den Wert aus Zelle B2 mit dem Wert aus Zelle C2 multiplizieren und den Wert in Zelle E2 ausgeben, dann müsste die Formel in der Zelle E2 folgendermaßen lauten: =B2*C2

## Muss ich die Zellennamen immer eingeben?

Die Zellennamen müssen nicht immer von Hand eingetragen werden. Es reicht, wenn Sie in die Ergebniszelle ein „="-Zeichen schreiben und, bleiben wir bei unserem Beispiel, die Zelle B2 mit dem Mauszeiger anklicken, ein „*" (Multiplikations-Zeichen) eingeben und auf die Zelle C2 klicken. Mit der Entertaste schließen Sie die Eingabe ab und das Ergebnis wird angezeigt.

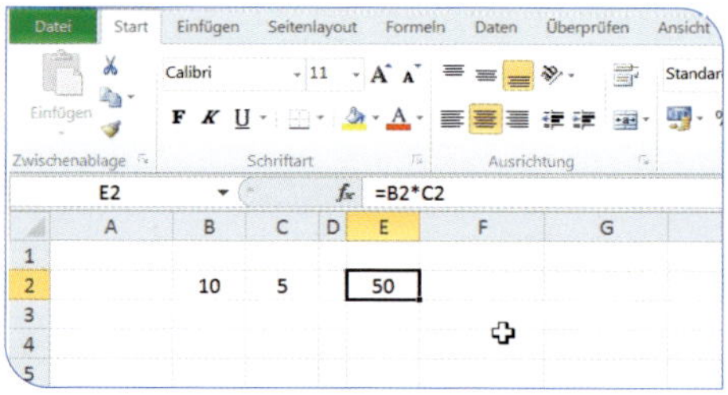


***Leiten Sie einen Rechenprozess mit dem Zeichen „=" ein.***

## Lassen sich Zahlenreihen addieren?

Mit verschiedenen Funktionen können Sie komplexere Berechnungen erstellen. Excel bietet hierfür einen Assistenten, der Ihnen die Arbeit erleichtert. Rufen Sie den Assistenten über die Schaltfläche auf, die sich links neben der Bearbeitungsleiste befindet.

Um z. B. mehrere Zahlen unter- oder nebeneinander zu addieren, müssen Sie nicht alle Zellennamen eingeben und diese durch ein „+"-Zeichen trennen. Für diese Aufgabe ist die Funktion „Summe" komfortabler. Diese Funktion addiert Zahlen in einem oder mehreren definierten Zellenbereichen. Wählen Sie im Dialogfenster „Summe" aus und klicken Sie auf die OK-Taste. Im folgenden Fenster können Sie unter Zahl 1 bzw. Zahl 2 einen Zellenbereich definieren. Entweder geben Sie den ersten und die letzten Zellennamen ein, getrennt durch einen Doppelpunkt, oder Sie markieren den Zellenbereich mit dem Mauszeiger in der Tabelle. Übernehmen Sie die Einstellungen mit der OK-Taste.

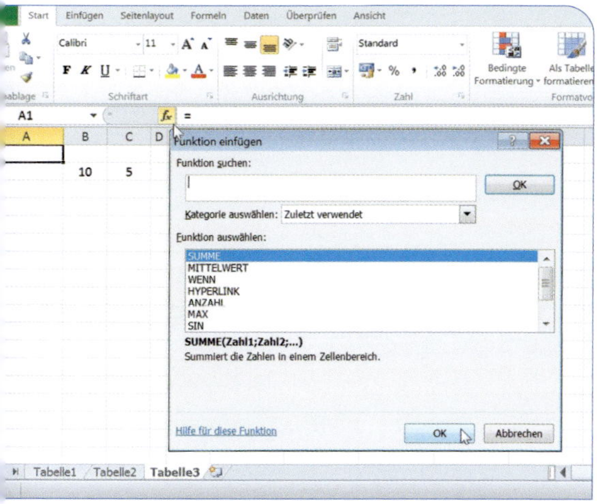


***Mit dem Funktions-Assistenten können Sie schnell Formeln einbinden.***

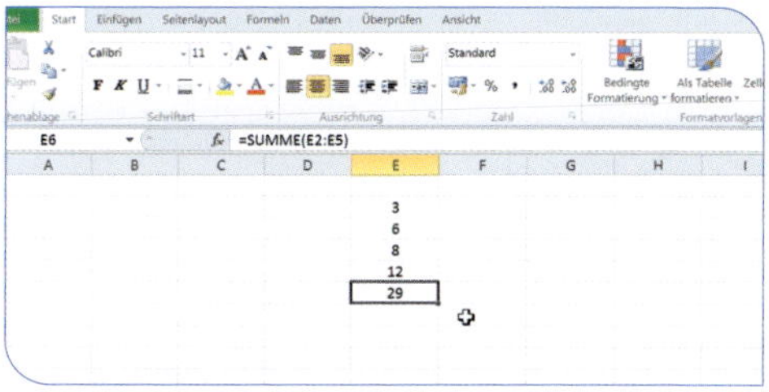


***Mit der Formel „Summe" lassen sich zusammenhängende Zeilenbereiche addieren.***

## Kann man Formeln kopieren?

Benötigen Sie eine Formel an einer anderen Stelle, müssen Sie diese nicht jedes Mal neu eintippen. Kopieren Sie die Zelle einfach an eine andere Stelle. Die Formel wird dann automatisch angepasst. Wenn Sie also in der Zelle E6 die Formel =SUMME(E2:E5) stehen haben und diese in die Zelle B6 kopieren, verändert sich die Formel wie folgt: =SUMME(B2:B5). Soll die Formel in die anliegenden Zellen übertragen werden, können Sie die Zelle auch mit dem Mauszeiger duplizieren. Fahren Sie an die untere rechte Zellenecke, bis sich der Mauszeiger in ein Kreuz verwandelt. Nun erfassen Sie die Ecke durch Drücken der linken Maustaste und ziehen die Zelle über die folgenden und die Formel überträgt sich auf alle markierten Zellen.

## Lässt sich Excel automatisieren?

Es gibt auch bei Excel verschiedene Wege, Formeln in eine Tabelle einzufügen. Geben Sie z. B. direkt in eine Zelle ein „="-Zeichen gefolgt von einem Buchstaben wie H ein, werden alle möglichen Formelansätze mit dem Anfangsbuchstaben H aufgelistet, beispielsweise „Heute". Wenn Sie diesen Eintrag übernehmen, wird in der aktuell markierten Zelle immer das heutige Datum ausgegeben.

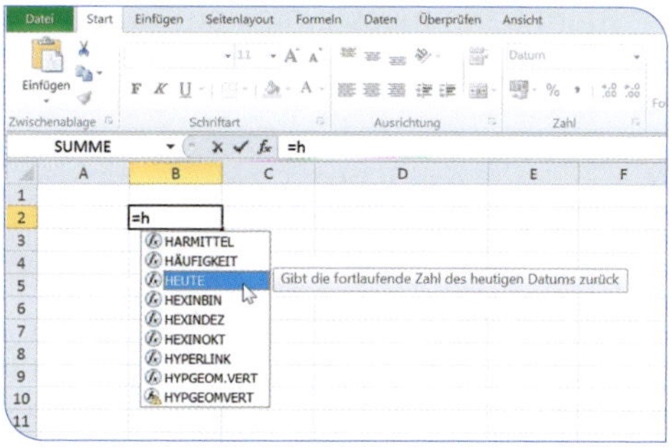


***Geben Sie nach „=" einen Buchstaben ein, um mögliche Formeln aufzurufen.***

## Kann ich Tabellen grafisch darstellen?

Excel bietet zum leichteren Erfassen großer Datenmengen verschiedene Wege, diese grafisch umzusetzen, z. B. mit Säulen- oder Liniendiagrammen, um Zahlentabellen zu visualisieren. Schreiben Sie die für Ihr Diagramm relevanten Zahlen in Zeilen und Spalten. Die Beschriftungen der Zeilen sollten Sie links von diesen eintragen, die für die Spalten entsprechend darüber. Excel kann aus diesen Informationen ein Diagramm erstellen.

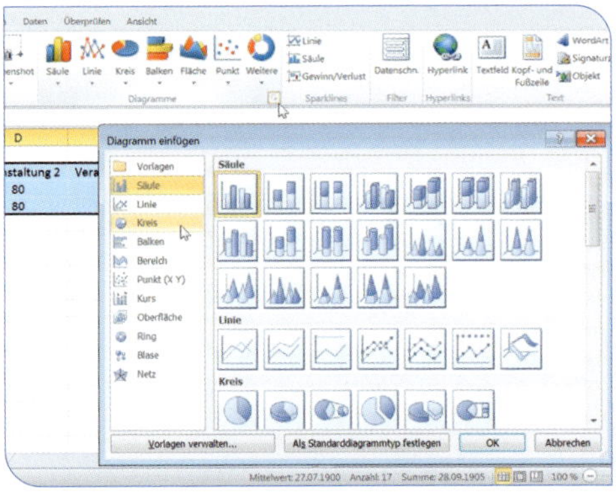


***Öffnen Sie mit der Pfeil-Taste noch weitere Diagrammvarianten.***

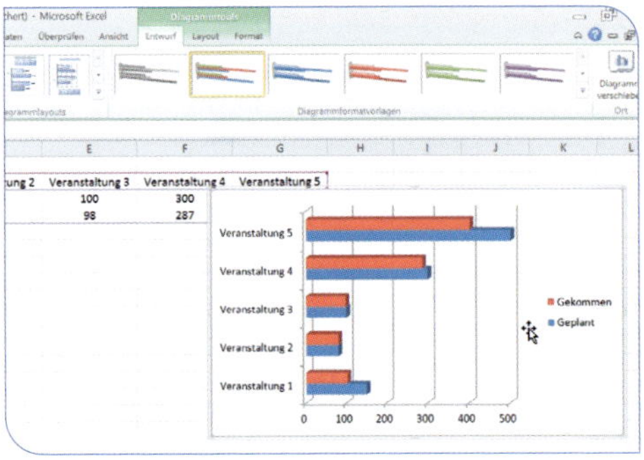


***Das Diagramm wird im Tabellenblatt eingeblendet.***

Markieren Sie zunächst die Zellen inklusive der Beschriftungszellen und wechseln Sie in das Registerblatt „Einfügen". Hier finden Sie das Dialogfeld „Diagramme", das Ihnen eine große Auswahl an Säulen-, Linien-, Kreis- und anderen Diagrammen bietet. Zusätzlich können Sie weitere Möglichkeiten aufrufen, wenn Sie auf den kleinen Pfeil im rechten unteren Eck der Dialogbox klicken. Wählen Sie nun einen Diagrammtyp mit einem Mausklick aus. Das Diagramm wird umgehend im Tabellenblatt angezeigt und kann in der Registerkarte „Diagrammtools" weiter angepasst werden. Beispielsweise können Sie hier Optionen wie „Typ", „Daten", „Diagrammlayouts", „Diagrammformatvorlagen" oder „Ort" bearbeiten.

## Lässt sich die Farbe der Balken ändern?

Viele Optionen zum Anpassen der Diagramme finden Sie auch im Kontextmenü. Wählen Sie beispielsweise in einem Säulendiagramm eine Säulengruppe aus und öffnen Sie mit der rechten Maustaste das Kontextmenü. Hier können Sie über ein Pull-down-Menü die Füllfarbe der Säule bestimmen. Sie können aber auch die Datenbeschriftung hinzufügen. So wird dem Betrachter schneller klar, welchen Zahlenwert eine Säule symbolisiert. Außerdem können Sie über das Kontextmenü u. a. noch die Schriftart der angezeigten Textfelder ändern, Effekte hinzufügen oder den Diagrammbereich formatieren. Nutzen Sie die verschiedenen Möglichkeiten, um Tabellenzahlen mit Farben und Effekten ansprechender zu gestalten.

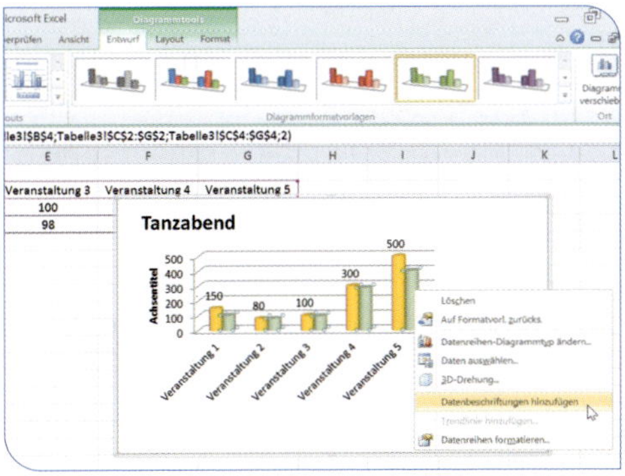


*Fügen Sie über das Kontextmenü Dateibeschriftungen hinzu.*

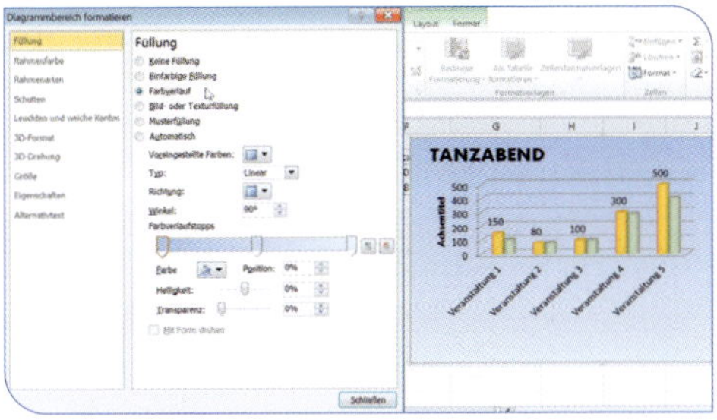


*Ändern Sie die Hintergrundfarbe eines Diagramms.*

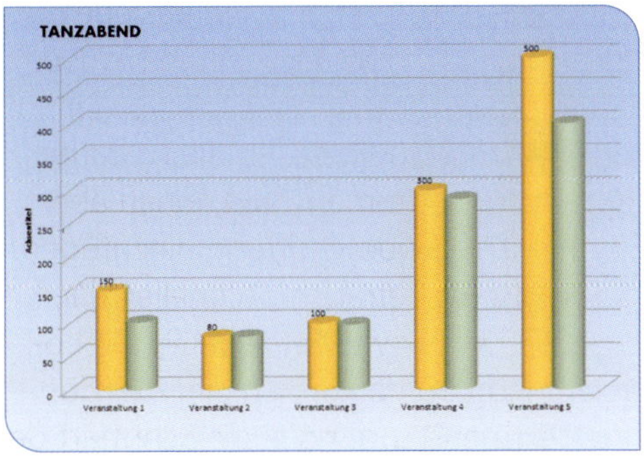


*Farbe wertet ein Diagramm optisch auf.*

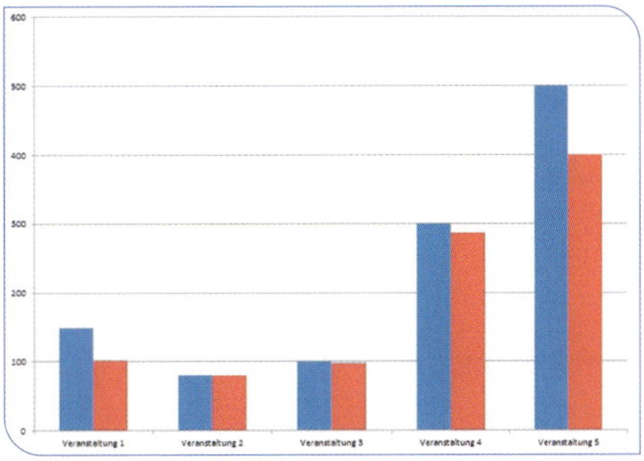

*Ein Standarddiagramm*

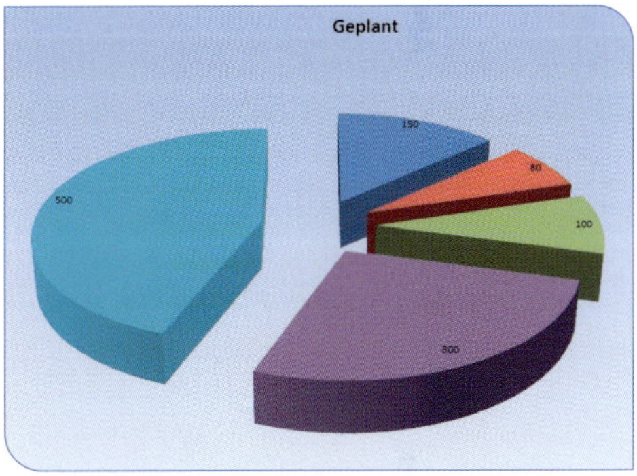


*Ein Kreisdiagramm*

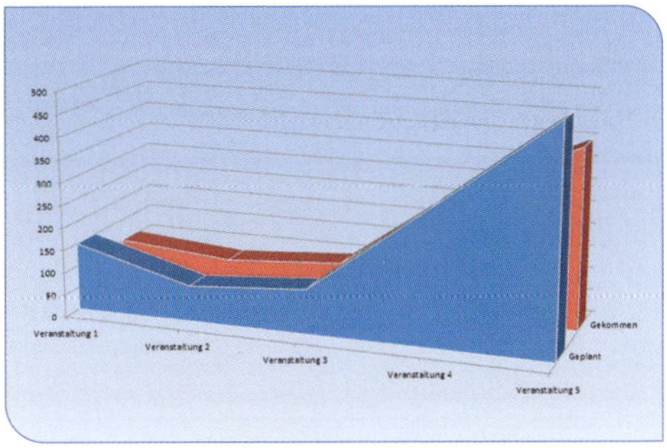

*Ein Bereichsdiagramm*

# Vom Monitor aufs Papier

Egal, ob ein Word-Dokument oder eine Excel-Tabelle, oft benötigt man Daten auf einem Papierausdruck. Nichts leichter als das, sofern ein passender Drucker mit Ihrem Rechner verbunden ist. Allerdings gibt es beim Ausdruck von Texten und Tabellen ein paar Punkte zu beachten, denn gerade große Excel-Tabellen passen nur selten auf ein normales DIN-A4-Blatt.

## Wo finde ich den Drucker?

Sowohl in Word als auch in Excel finden Sie die Druckoption in der Registerkarte „Datei". Im linken Abschnitt müssen Sie nun den Eintrag „Drucker" auswählen und in der mittleren Spalte die Druckoptionen festlegen. Rechts erscheint eine Vorschau der Druckseite.

Die Software wählt immer den Drucker aus, der in Ihrem System als Standarddrucker definiert ist. Haben Sie weitere Drucker mit Ihrem Rechner verbunden, können Sie diese im Pull-down-Menü „Drucker" auswählen. Im Menü finden Sie den Link „Druckereigenschaften", mit dessen Hilfe Sie zusätzliche Parameter verstellen können. Dies ist vor allem dann sinnvoll, wenn Sie z. B. ein Word-Dokument mit eingearbeiteten Fotos auf Papier bringen wollen. Für ein gutes Druckergebnis sollten Sie hierbei Fotopapier verwenden und die Einstellungen Ihres Druckers mithilfe des entsprechenden Handbuchs für den Fotodruck optimieren.

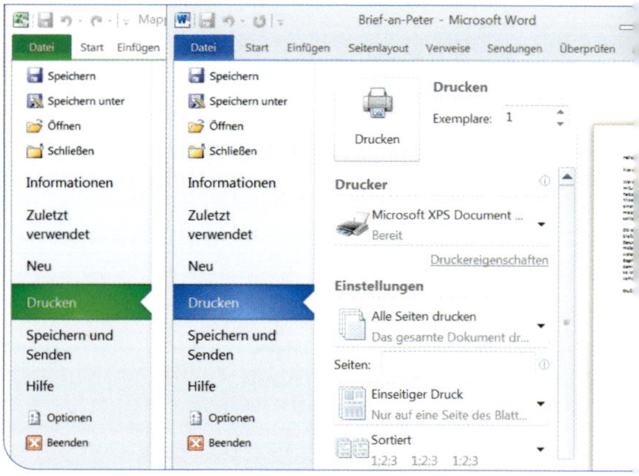


***Die Druckoptionen finden Sie bei Excel und Word 2010 unter „Datei".***

## Muss ich immer alle Seiten drucken?

Sie haben die Möglichkeit, nur eine bestimmte Seite oder nur einen markierten Bereich des Dokuments auszudrucken. Um Platz zu sparen, ist es auch möglich, mehrere Word-Blätter auf einem Blatt zu platzieren. Das macht Sinn, wenn Sie nur eine Voransicht einer bestimmten Blattfolge benötigen.

**Achtung:** Wenn Sie zu viele Seiten auf ein Blatt drucken, wird die Schrift oft unlesbar.

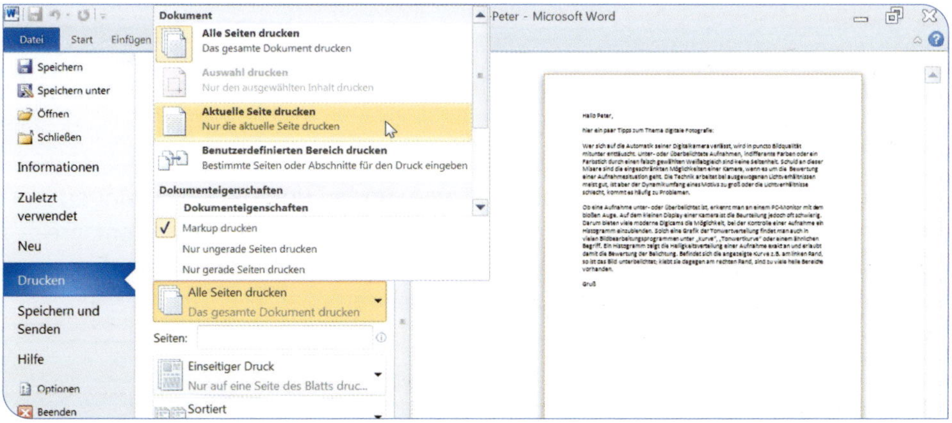


***Sie haben die Wahl, nur eine oder alle Seiten ausdrucken zu lassen.***

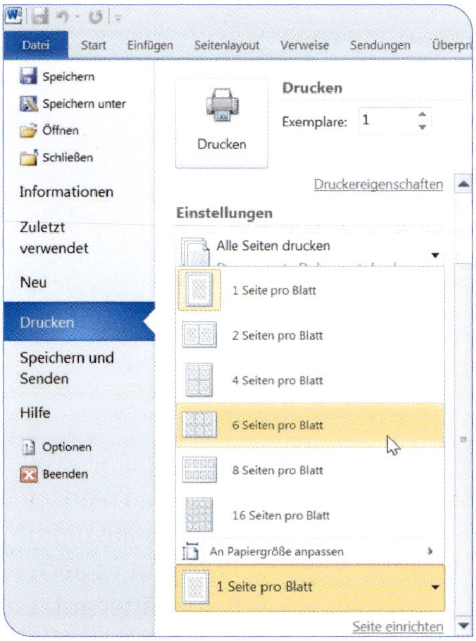


***Sie können auch mehrere Word-Seiten auf einem Blatt ausdrucken.***

## Wie passen große Tabellen auf ein Blatt?

Eine breite Tabelle passt im Querformat zwar eher auf eine Seite eines DIN-A4-Blatts als im Hochformat (was im Registerblatt „Datei" unter „Drucken" umgestellt werden kann), jedoch bietet selbst das Querformat nicht immer genügend Platz. Dann kann eine umfangreiche Tabelle mithilfe der Skalierungsoption „Blatt auf einer Seite darstellen" auf einer Seite ausgegeben werden kann, wodurch jedoch die Lesbarkeit leiden kann. Prüfen Sie die eingestellten Optionen also zunächst in der Vorschau. Erscheinen die Zeichen hier schon viel zu klein, ist ein Ausdruck in der Regel überflüssig und Sie müssen die Tabelle doch auf mehrere Blätter verteilen.

**Tipp:** Prüfen Sie die Seitenaufteilung auch im Tabellenblatt. Hier wird Ihnen die geplante Verteilung der Tabelle auf den Druckseiten durch gestrichelte Linien angezeigt. Verschieben Sie eventuell ein paar Zellen, um die Verteilung zu optimieren.

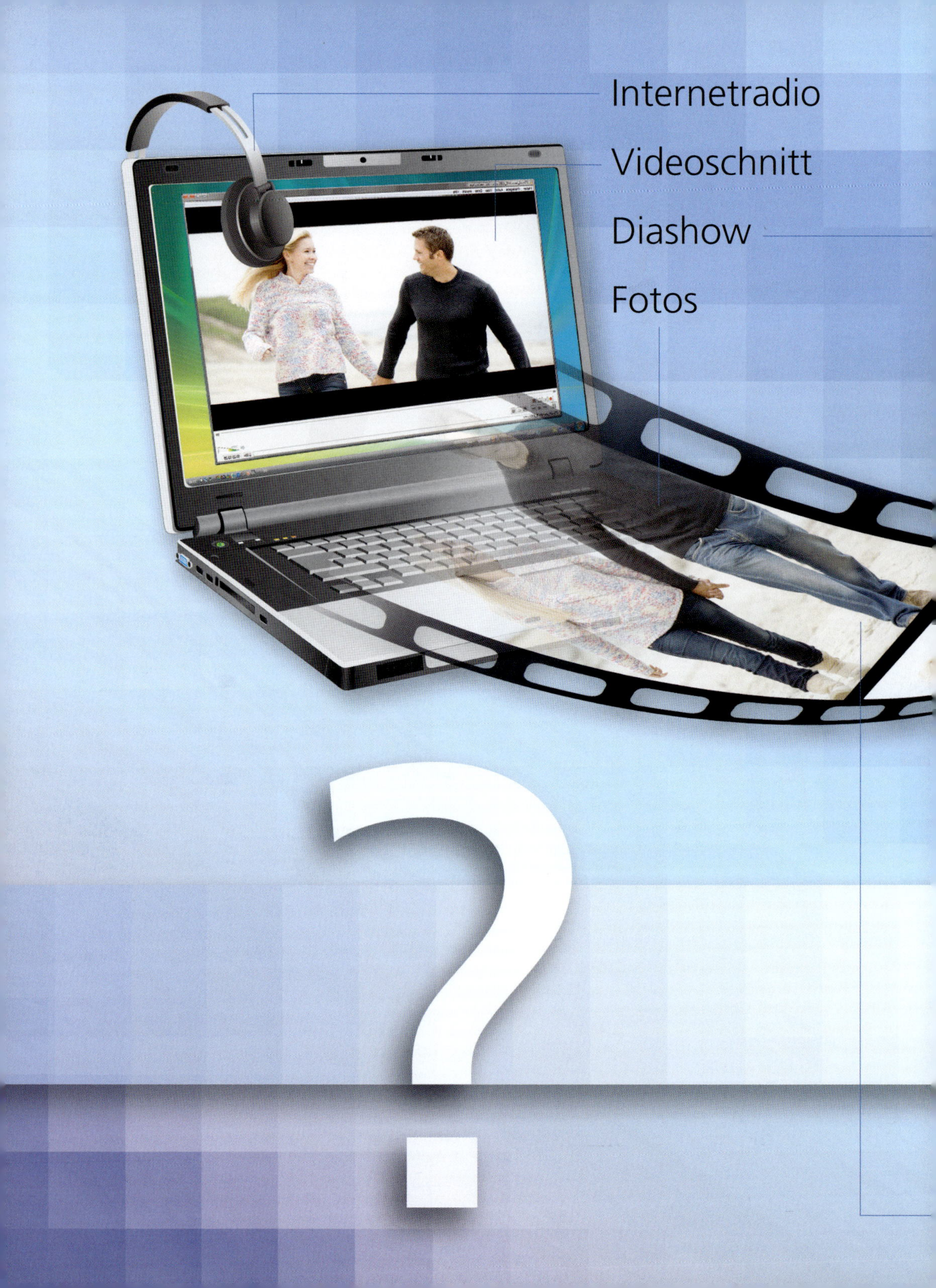
Internetradio
Videoschnitt
Diashow
Fotos
?

# Multimedia

Windows Media Player

Bildbearbeitung

# Fotos, Videos und mehr

Neben dem Office-Bereich ist Multimedia wohl eines der beliebtesten Gebiete für PC-Anwender. Egal, ob man digitale Fotos oder Filme archiviert, bearbeitet oder auf einen Datenträger brennen will, ein moderner Computer ist dafür gerüstet. Windows 7 hat in der Regel die passenden Multimedia-Programme mit dabei oder ermöglicht den kostenlosen Download über das Internet.

Beispielsweise bietet Microsoft mit Windows Live ein Software-Paket an, das mit Fotogalerie und Movie Maker zwei Programme im Gepäck hat, die die wichtigsten Funktionen zur Bild- bzw. Videobearbeitung mitbringen. Alternativ gibt es natürlich noch zahlreiche weitere kostenlose und kostenpflichtige Tools für diesen Einsatzzweck.

## Wo finde ich die Programme?

Die Programme sind, sofern installiert, in der Programmliste des Start-Menüs im Ordner „Windows Live" hinterlegt. Um Bilder zu betrachten, zu bearbeiten oder zu organisieren, öffnen Sie die einzelnen Tools einfach mit einem Doppelklick.

## Wie organisiere ich meine Bilder?

In digitalen Bildern sind häufig sogenannte Metadaten versteckt oder können eingebunden werden, die neben einer aussagekräftigen Ordnerstruktur beim Organisieren der Aufnahmen helfen. So können Sie Bildern Schlagworte zuweisen, nach denen sich die Fotos sortieren lassen, z. B. „Tier" für Bilder mit Tieren, oder die Namen von Personen. Um diese Angaben einzubinden, müssen Sie mit einem Klick auf den Schalter „Info" das Infofenster öffnen.

## Wie trage ich die Schlagworte ein?

Markieren Sie ein oder mehrere Bilder und klicken Sie im Infobereich auf den Eintrag „Beschriftung hinzufügen". Geben Sie anschließend in der Eingabemaske einen Begriff ein. Bei Bedarf können Sie

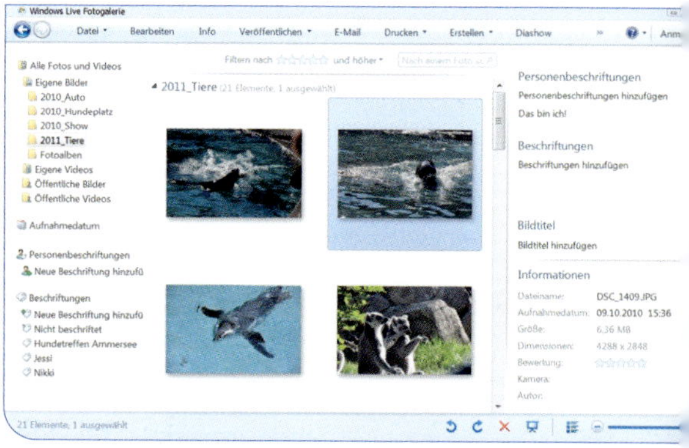


***Windows Live Fotogalerie***

ein Bild auch mit mehreren Begriffen verknüpfen. Die Beschriftungen können auch von anderen Programmen gelesen werden, denn die Infos werden in Form von standardisierten IPTC-Daten (ein Datenstandard, der u. a. vom International Press Telecommunications Council entwickelt wurde und für alle Arten von Medien geeignet ist) abgelegt.

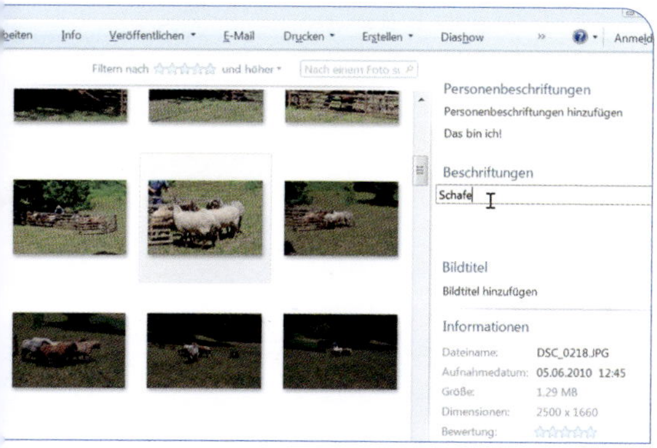


***Geben Sie einem oder mehreren Fotos eine aussagekräftige Beschriftung.***

## Wie kann man die Bilder nach den Schlagworten sortieren?

Alle Bilder, die mit einem sogenannten Keyword in den IPTC-Daten versehen wurden (auch aus einem anderen Programm heraus), können Sie nun einfach sortieren. In der linken Fensterleiste finden Sie den Eintrag „Beschriftungen“. Darunter sind alle von Fotogalerie gefundenen Schlagworte aufgeführt. Wenn Sie nun auf das Feld „Beschriftungen“ klicken, werden im Vorschaufenster sämtliche Bilder unter dem jeweiligen Schlagwort aufgelistet. All jene, die kein Schlagwort erhalten haben, stehen am Ende der Liste. Bilder, die über mehrere Keywords verfügen, werden auch in mehreren Listen geführt. So können Sie z. B. eine Urlaubsaufnahme mit dem Namen einer Person und dem Urlaubsort verknüpfen. Suchen Sie ein Foto vom besagten Urlaubsort, wird dieses genauso angezeigt, wie bei der Suche nach der entsprechenden Person.

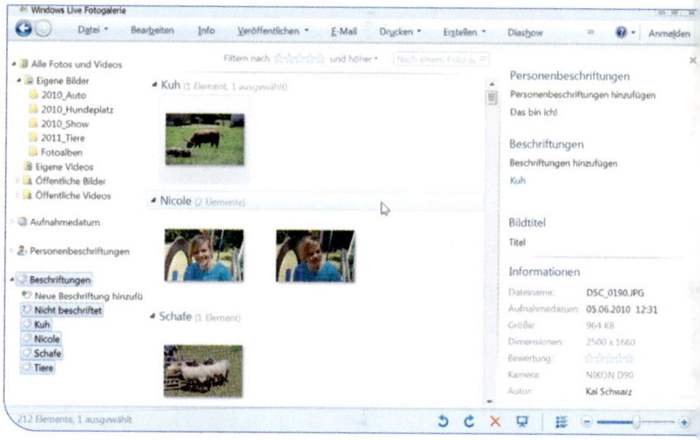


***Suchen Sie Bilder mithilfe der Keywords.***

Die Keywords und Sortierkriterien können Sie aber auch direkt im Datei-Explorer nutzen. Wählen Sie einen Ordner mit Bildern und wechseln Sie am besten in die Ansicht „Große Symbole“. Wenn Sie nun ein Bild markieren, werden in der unteren Leiste verschiedene Metadaten ausgegeben, u. a. auch das Feld „Markierung“, das dem Feld „Beschriftung“ aus der Fotogalerie entspricht. Dieses Feld können Sie anklicken und um weitere Worte ergänzen, die durch ein Semikolon getrennt werden müssen.

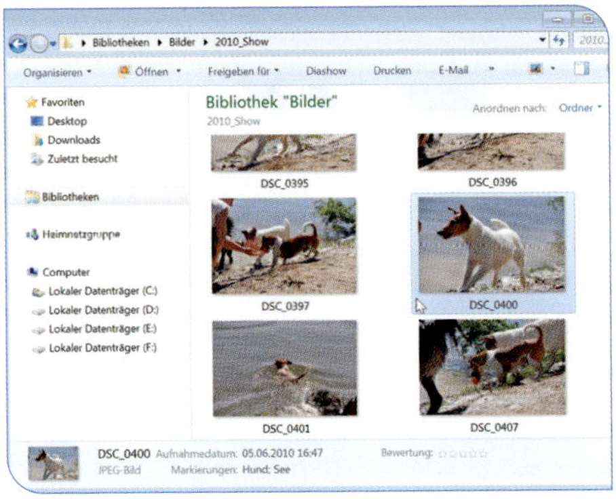

***Metadaten werden in der unteren Bildschirmleiste angezeigt und können hier bearbeitet werden.***

Auch in der Windows-Bibliothek „Bilder“, die Sie über den Datei-Explorer erreichen, besteht die Möglichkeit, die Bilder nach verschiedenen Kriterien zu sortieren. Öffnen Sie einfach das Pull-down-Menü neben „Anordnen nach“, um eine Rubrik auszuwählen. Wenn Sie z. B. den Eintrag „Markierung“ auswählen, werden die Bilder nach den vergebenen Markierungen bzw. Beschriftungen gruppiert. Eine Gruppe lässt sich nun mit einem Doppelklick öffnen. So finden Sie Ihre Fotos auch nach Jahren noch wieder.

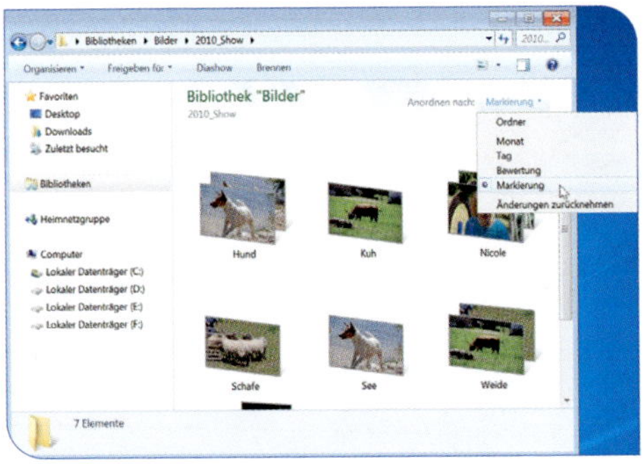

***Nutzen Sie die Gruppierungsfunktionen des Datei-Explorers.***

## Wie lassen sich Bilder bearbeiten?

Die wichtigsten Bearbeitungsmöglichkeiten möchten wir Ihnen hier kurz vorstellen. Trotz guter Automatikfunktionen sind Digitalaufnahmen häufig mit leichten Fehlern behaftet, z. B. ist die Aufnahme zu dunkel oder zu hell, die Farben stimmen nicht oder Personen haben die berühmten roten Augen – alles keine gravierenden Probleme, denn die meisten Aufnahmefehler lassen sich am PC mit wenigen Mausklicks beheben oder zumindest verringern. Beispielsweise mit den Bearbeitungswerkzeugen von Windows Live Fotogalerie. Um ein Bild zu bearbeiten, klicken Sie oben in der Symbolleiste den Eintrag „Bearbeiten“ an.

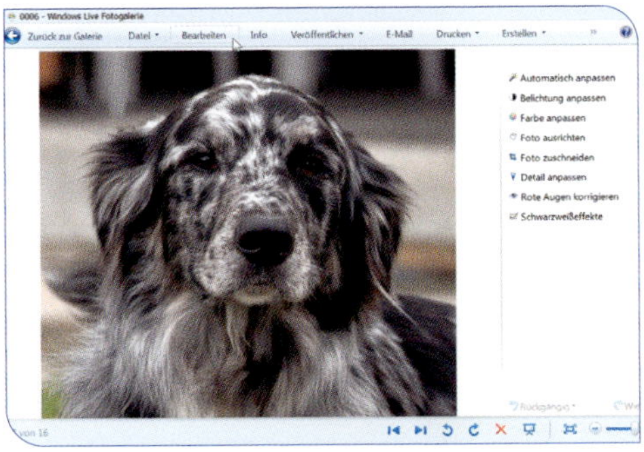

***Ein Bild im Bearbeitungsfenster***

Am rechten Fensterrand finden Sie nun verschiedene Funktionen, mit denen Sie Bildfehler korrigieren können, z. B. die automatische Anpassung, mit der viele Bilder schon mit einem Mausklick optimiert werden können. Gefällt Ihnen das Ergebnis nicht, können Sie die Einstellungen auch manuell anpassen.

## Wie passe ich die Belichtung an?

Häufig sind Bilder über oder unterbelichtet, was mit wenigen Handgriffen behoben werden kann. Außerdem gibt es Werkzeuge, mit denen Sie nur die hellen oder dunklen Bereiche eines Fotos aufhellen oder abdunkeln können. So lassen sich auch kontrastreiche Bilder verbessern.

In der Fotogalerie finden Sie diese Funktionen unter „Belichtung anpassen". Hier stehen Ihnen verschiedene Schieberegler zur Wahl, die Sie einfach mit dem Mauszeiger bedienen (linke Maustaste gedrückt halten) können. Sie können einzelne Arbeitsschritte mithilfe des Schalters „Rückgängig" am unteren Ende der Werkzeugleiste wieder rückgängig machen. Wenn Sie über den Pfeil neben dem Schalter das Pull-down-Menü öffnen, können Sie einen oder sämtliche Schritte rückgängig machen.

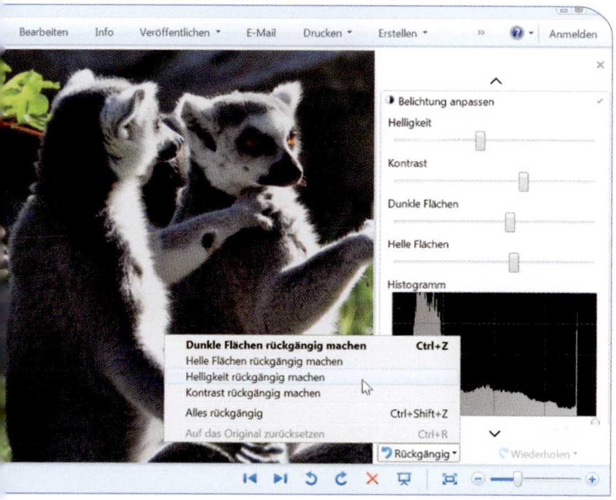


***Bearbeitungsschritte lassen sich auch rückgängig machen.***

## Kann man die Farben anpassen?

Besondere Aufnahmesituationen können den Weißabgleich der Kamera stören, der für die richtige Farbtemperatur zuständig ist. So kann Schnee auf einer Aufnahme einen deutlichen Blaustich haben, der durch die Veränderung der Farbtemperatur mittels eines Bildbearbeitungsprogramms verbessert werden kann. In der Fotogalerie finden Sie diese Option unter den Werkzeugen „Farbe anpassen".

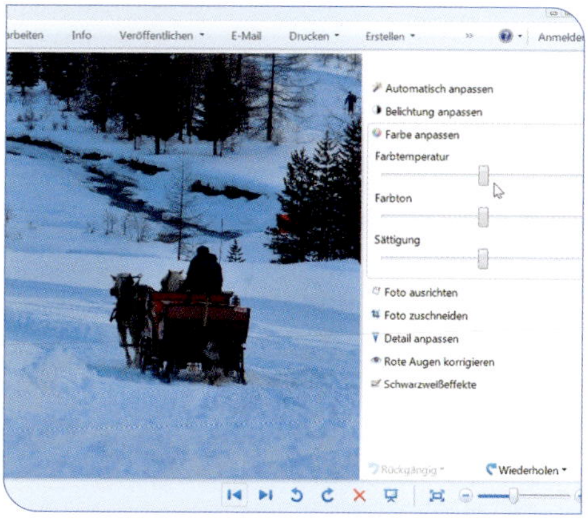


***Dieses Bild hat einen deutlichen Blaustich.***

***Nach der Anpassung ist der Blaustich verringert.***

## Wie dreht man Fotos?

Wenn ein Foto mal auf dem Kopf steht oder vom Quer- ins Hochformat gedreht werden muss, dann verwenden Sie am besten das Kontextmenü. Fahren Sie mit dem Mauszeiger über das Bild und wählen Sie je nach Bedarf im Kontextmenü (rechte Maustaste) den Eintrag „Im" oder „Gegen den Uhrzeigersinn drehen". Diese Funktion finden Sie im Datei-Explorer von Windows 7 oder in der Fotogalerie.

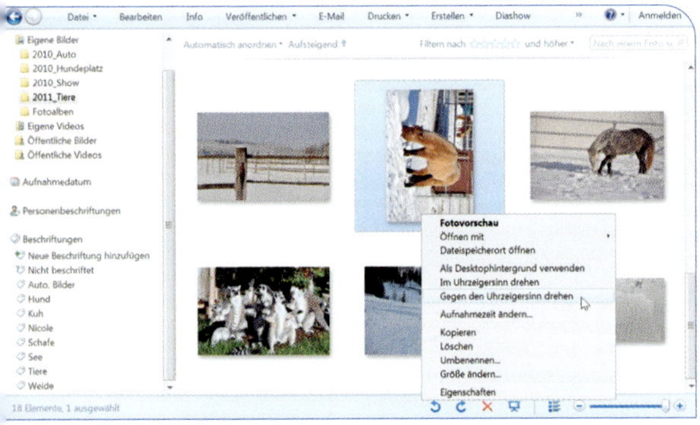


***Bilder lassen sich durch Befehle im Kontextmenü einfach drehen.***

Zur Korrektur eines geringfügig schief aufgenommenen Bildes verwenden Sie hingegen das Tool „Foto ausrichten", das Sie in der Fotogalerie unter „Bearbeiten" finden.

## Wie schneidet man Fotos?

Um einen Bildausschnitt festzulegen, bietet Fotogalerie das Werkzeug „Foto zuschneiden", mit dessen Hilfe ein Rahmen eingeblendet wird, auf den das Bild später zugeschnitten wird.

Der Rahmen kann mit den Anfassern an den Ecken und in der Mitte der oberen, unteren und seitlichen Ränder in der Größe angepasst werden. Wollen Sie den ganzen Rahmen verschieben, dann führen Sie den Mauszeiger in den Rahmen, bis dieser sich in ein Kreuz mit Pfeilen verwandelt. Erfassen Sie den Rahmen und verschieben Sie ihn.

## Kann ich die Bildschärfe korrigieren?

In Fotogalerie können Sie die Bildschärfe mit dem Werkzeug „Detail anpassen" korrigieren. Verschieben Sie einfach den Regler, bis die Schärfe passt.

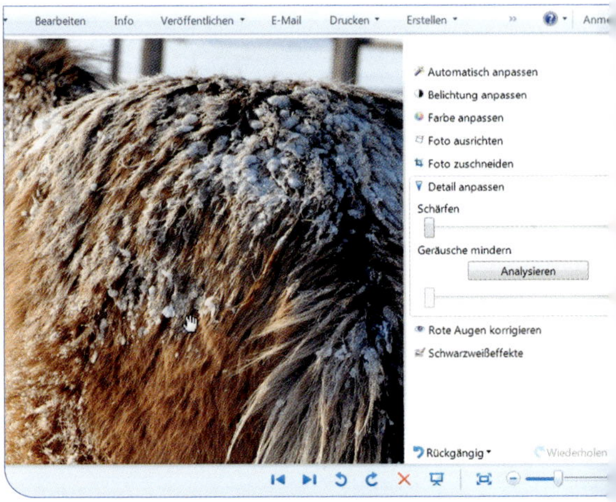


***Ein unscharfes Bild wird korrigiert.***

## Kann ich rote Augen korrigieren?

Rot leuchtende Augen entstehen durch die Lichtreflexion des Blitzgerätes in der weit geöffneten Pupille des gut durchbluteten Auges. Zur Korrektur wählen

Sie in Fotogalerie das Werkzeug „Rote Augen korrigieren". Ziehen Sie mit dem Mauszeiger ein Rechteck um die rote Pupille. Die Software wandelt dann Rot in Schwarz.

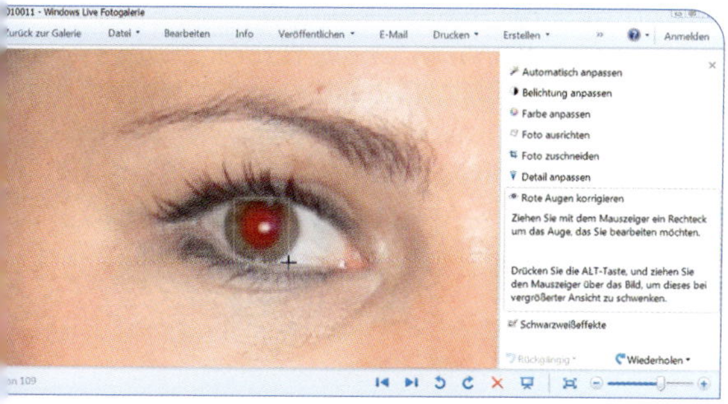

***Rote Augen sind nicht schön.***

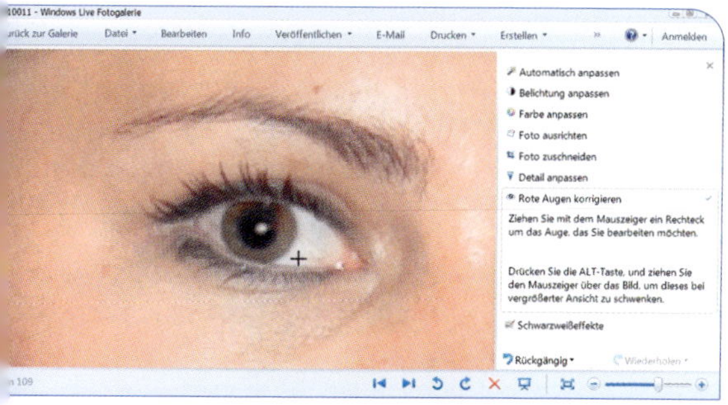

***Sie lassen sich aber einfach korrigieren.***

## Wie kann ich ein Panoramabild erstellen?

Zur Erstellung eines Panoramabilds müssen Sie mehrere Aufnahmen zusammenfügen. Markieren Sie alle Bilder, die zum Panorama passen. Wählen Sie dann in der Symbolleiste im Pull-down-Menü „Erstellen" den Eintrag „Panoramafoto erstellen" aus. Schon beginnt Fotogalerie mit der Arbeit und fügt die einzelnen Bilder zusammen.

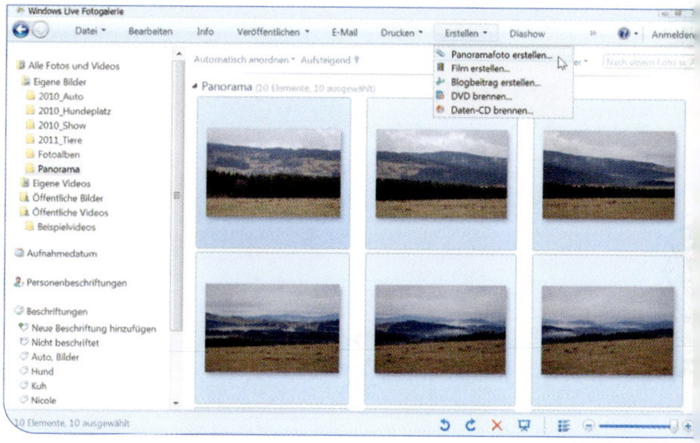

***Fügen Sie mehrere Bilder zu einem Panorama zusammen.***

***So sieht das fertige Panoramabild aus.***

## Lässt sich der Speicherbedarf optimieren?

Moderne Digitalkameras liefern Bilder mit 10, 14 oder mehr Megapixeln, die viel Speicherplatz benötigen. Um Speicherplatz zu sparen, gibt es zwei Wege: Die Datei kann komprimiert oder die Auflösung reduziert werden, was jeweils die Bildqualität erheblich verschlechtern kann. Bedenken Sie, dass diese Vorgänge nicht mehr rückgängig gemacht werden können. Bei ausreichend verfügbarem Speicherplatz sollten Sie daher davon Abstand nehmen.

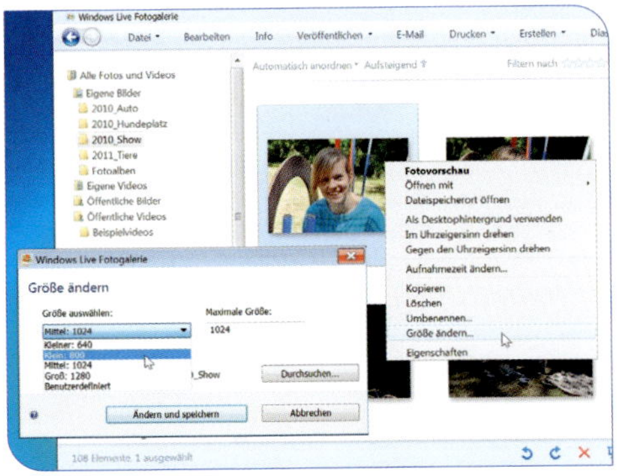


***Ein kleineres Bild braucht weniger Speicherplatz.***

## Wie brenne ich Fotos auf CD?

Auch Bilder sollten auf einem externen Datenträger gespeichert werden. Zu groß ist die Gefahr, dass die Daten bei einem Plattencrash verloren gehen. Binden Sie also auch Ihre digitalen Bilder in die Datensicherung ein oder brennen Sie sie auf CD. Um unter Windows 7 einen optischen Datenträger zu beschreiben, legen Sie zunächst eine leere CD in das Laufwerk. Wählen Sie nun die zu kopierenden Bilder aus und schieben Sie diese per Drag and Drop auf das Brennerlaufwerk. Beginnen Sie nun mit dem Brennvorgang, den Sie im Kontextmenü des optischen Laufwerks aufrufen können.

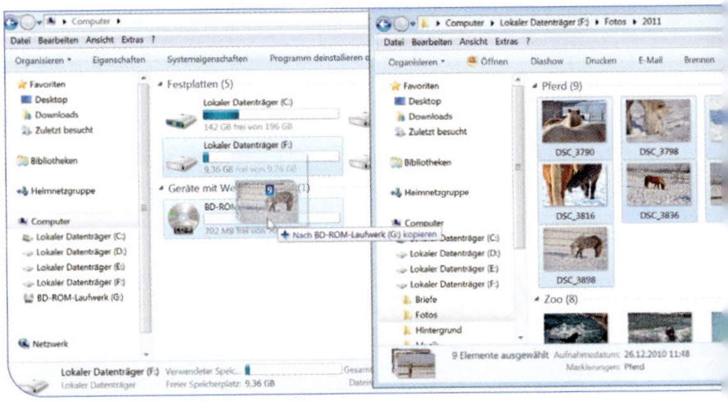


***Schieben Sie Fotos per Drag and Drop auf das Brennerlaufwerk.***

## Wie kann ich Fotos präsentieren?

Fotos lassen sich am besten in einer Diashow am Bildschirm präsentieren. Für diesen Zweck bringt auch die Fotogalerie ein passendes Modul mit. Wählen Sie ein Fotoalbum aus und klicken Sie in der Symbolleiste auf den Eintrag „Diashow".

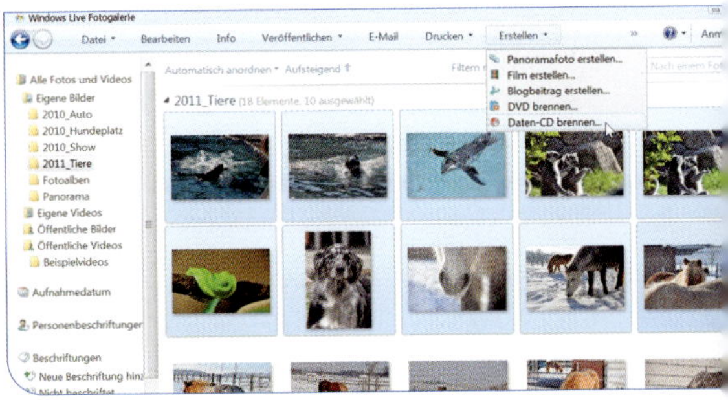


***Fotogalerie bietet auch eine Option zum Brennen.***

Schon wird eine Bildschirmpräsentation gestartet, die Sie noch anpassen können. Fahren Sie dafür mit dem Mauszeiger in den unteren Bereich der Präsentation, um eine Toolbar einzublenden. Im Pull-down-Menü „Design" können Sie verschiedene Präsentationsvorlagen auswählen. Außerdem können Sie die Diashow mit der Pausetaste anhalten oder mit der rechten Schaltfläche beenden. Wenn Sie die Toolbar mit dem Mauszeiger wieder verlassen, wird die Anzeige ausgeblendet.

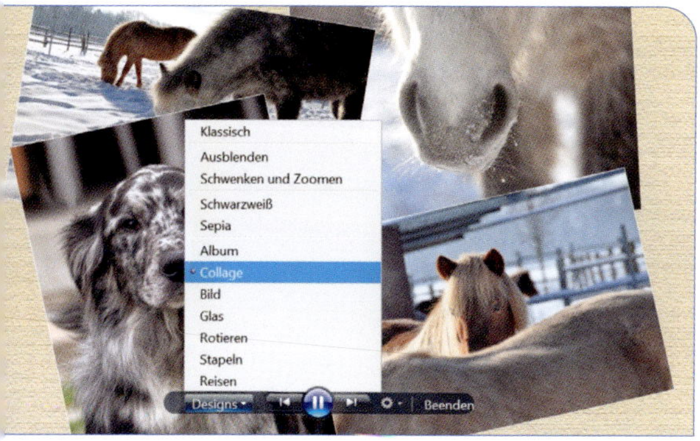


***Starten Sie eine Diashow!***

## Wie kann ich aus den Fotos einen Film machen?

Um Ihre Bilder auf einem Fernseher sichtbar zu machen, benötigen Sie ein USB-taugliches Gerät oder Sie müssen Ihre Bilder in einen Film konvertieren und auf eine Disk brennen, etwa als Video-DVD. Dafür benötigen Sie eine Videoschnittsoftware, die diese Features unterstützt. Ein Modul mit Basisfunktionen bietet Windows Live. Aus der Fotogalerie können Sie direkt die Videobearbeitung Movie Maker aufrufen. Markieren Sie ein paar Fotos, mit denen Sie einen Film erstellen wollen und wählen Sie in der Symbolleiste unter „Einstellen" die Option „Film erstellen". Alternativ können Sie den Movie Maker auch über das Start-Menü und die Programmliste aufrufen. Hier finden Sie die Videoschnittlösung, wenn sie installiert ist, im Ordner „Windows Live".

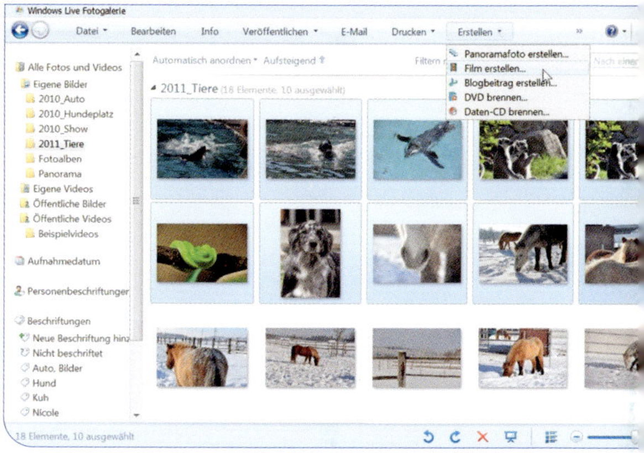


***Bilder lassen sich auch zu einem Video verarbeiten.***

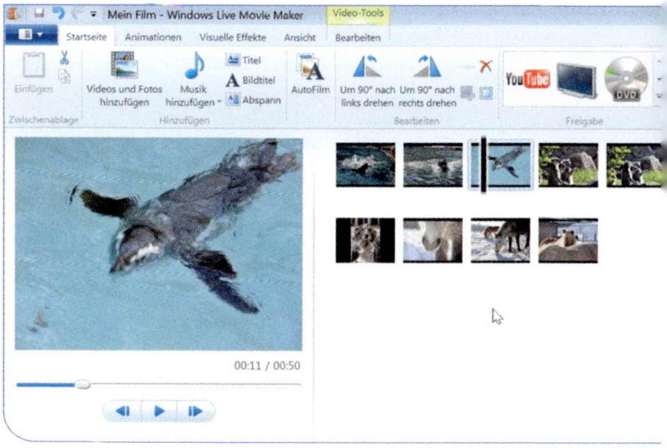


***Im Movie Maker können Sie aus Bildern Videos herstellen.***

# Videospaß

Moderne Computer eignen sich nicht nur zur Bildbearbeitung, sondern in der Regel auch für den Videoschnitt. Wer auf aufwendige Effekte und Video-Tricks verzichten kann, der findet mit dem Movie Maker aus dem Windows-Live-Paket von Microsoft eine Videoschnittlösung, die Basisfeatures mitbringt.

Wie erwähnt, können Sie Bilder direkt aus der Fotogalerie in den Movie Maker importieren und diese zu einem ansprechenden Film zusammenstellen. Alternativ lassen sich digitale Bilder aber auch direkt in das Videoschnitt-Tool importieren. Klicken Sie dafür auf die Schaltfläche „hinzufügen" in der Registerkarte „Startseite". Über ein Verzeichnis-Fenster können Sie nun kompatible Bilder und Videos mit einem Doppelklick importieren.

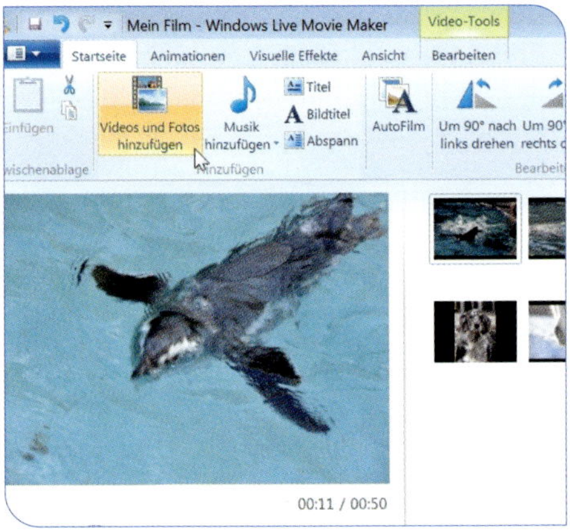


***Importieren Sie Bilder und Videos.***

## Wie verschiebe ich Bilder?

Nachdem Sie Videos oder Fotos importiert haben, können Sie die Anordnung der Objekte beliebig verändern. Ergreifen Sie dazu einfach das Vorschaubild von Bildern oder Videos mit dem Mauszeiger und verschieben Sie es an eine andere gewünschte Stelle.

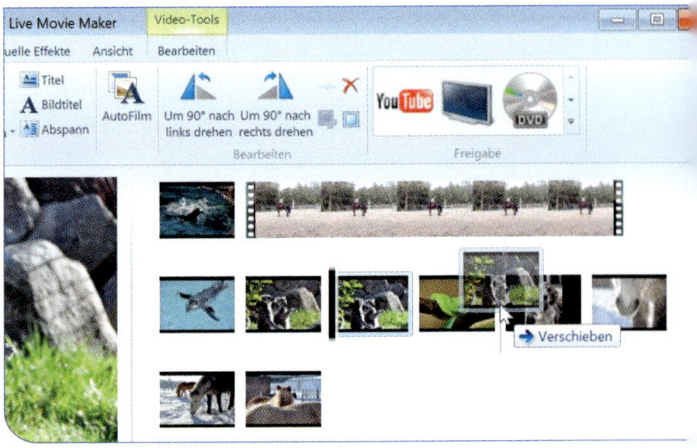


***Objekte lassen sich leicht verschieben.***

## Wie importiere ich Musik?

Ein Video bzw. eine Diashow als Video wird erst mit unterlegter Musik richtig unterhaltsam. Darum sollten Sie neben Bildern und Videos auch Musik importieren. Den Schalter für den Musikimport finden Sie ebenfalls im Registerblatt „Startseite". Die importierte Musikdatei wird dann als Balken über den Bildobjekten angezeigt. Der Film kann im Vorschaufenster probeweise angeschaut werden. Klicken Sie dafür einfach auf den Play-Button, der mit einem Dreieck gekennzeichnet ist.

### Kann ich Texte einbinden?

Auf einen Vor- bzw. einen Abspann sollten Sie nicht verzichten. Das gibt dem Video einen professionellen Look. Darum können Sie über die Schaltflächen „Titel" bzw. „Abspann" entsprechende Module einbinden und nach Ihren Vorstellungen bearbeiten. Z. B. lässt sich der Text in Art, Farbe usw. – ähnlich wie in Word – verändern. Außerdem können Sie Parameter wie die Hintergrundfarbe, den Startzeitpunkt des Textes oder die Anzeigedauer über ein Pull-down-Menü wählen oder per Tastatur eingeben. Neben einem Vor- und Abspann können Sie einzelne Bilder auch mit einem Untertitel versehen, um die Aufnahme oder die Szene genauer zu beschreiben.

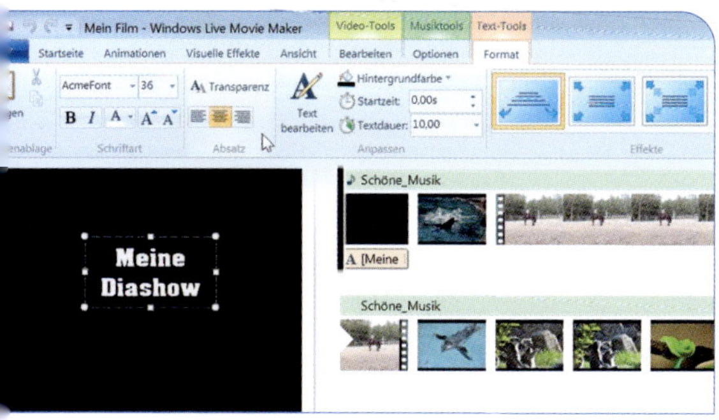


***Passen Sie Texte an.***

### Kann ich Übergänge nutzen?

Die einzelnen Szenen werden immer mittels eines harten Schnitts montiert. Das kann mal ganz schön sein, ein schöner Übergang ist für den Betrachter aber meist angenehmer. Der Movie Maker bietet eine Vielzahl an unterschiedlichen Übergangsanimationen, die Sie einfach aus einem Pull-down-Menü in der Registerkarte „Animationen" auswählen können. Der Effekt wird auf das markierte Bild bzw. die Szene übertragen und kann durch andere Effekte ausgetauscht werden. Wollen Sie keinen Effekt, dann klicken Sie auf das Vorschaubild „Kein Übergang". Die Dauer eines Übergangs wird im Menü mithilfe von „Dauer" oder der Eingabe der entsprechenden Zahl im Textfeld bestimmt. Ebenfalls im Registerblatt „Animationen" finden Sie ein Pull-down-Menü mit Schwenk- und Zoom-Effekten, mit denen Sie u. a. in ein Bild hinein- oder herauszoomen können.

### Sind die Filme im 16:9-Kinoformat?

Die Filme, die mit dem Movie Maker erstellt werden, können im klassischen TV-Format 4:3 oder dem modernen 16:9-Format erstellt werden. Wählen Sie unter „Ansicht/Seitenverhältnis" die entsprechende Einstellung aus.

***Bestimmen Sie das passende Seitenverhältnis.***

## Kann ich Videosequenzen schneiden?

In der Regel ist nicht jedes Video, das Sie mit Ihrem Camcorder oder der Digicam gedreht haben, von Anfang bis Ende sehenswert. Szenen können verwackelt oder einfach unschön sein. Schneiden Sie diese Abschnitte aus Ihrem Video heraus, um dem Publikum nur die Sahnestücke Ihres Filmprojekts zu präsentieren.

Um ein Video zuzuschneiden, bietet Movie Maker unterschiedliche Optionen. Z. B. können Sie das markierte Video einfach an der aktuellen Cursor-Position teilen. Klicken Sie dafür auf den entsprechenden Button in der Registerkarte „Bearbeiten". Außerdem stehen hier zwei weitere Schneideoptionen zur Auswahl: das Zuschneidewerkzeug sowie die Buttons „Startpunkt festlegen" und „Endpunkt festlegen". Mit dem Zuschneidewerkzeug können Sie im Vorschaubild über Anfasser den Start- bzw. Endpunkt eines Videos genau definieren.

Mit „Start-" bzw. „Endpunkt festlegen" setzen Sie den entsprechenden Marker direkt an der aktuellen Cursor-Position in der rechten Projektvorschau.

## Welches Format passt zum Video?

Videos können in unterschiedlichen Formaten und Auflösungen gespeichert werden. Wichtig ist, dass Sie das beste Format für Ihr Abspielgerät wählen. Soll der Film beispielsweise als Video-DVD für den heimischen DVD-Player genutzt werden, müssen Sie das DVD-Format wählen. Wollen Sie das Video am Full-HD-Fernseher präsentieren, benötigen Sie ein Video mit 1920 x 1080 Bildpunkten. Allerdings muss das Quellmaterial auch eine entsprechende Auflösung mitbringen, um eine Top-Qualität im Video zu erreichen. Wollen Sie das Video als E-Mail verschicken, sollte die Auflösung klein gewählt werden, da eine hohe Auflösung viel Speicherplatz benötigt.

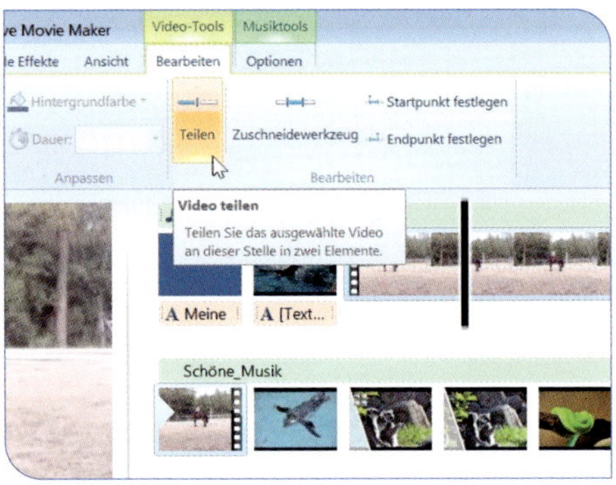


***Schneiden Sie unschöne Szenen nun heraus.***

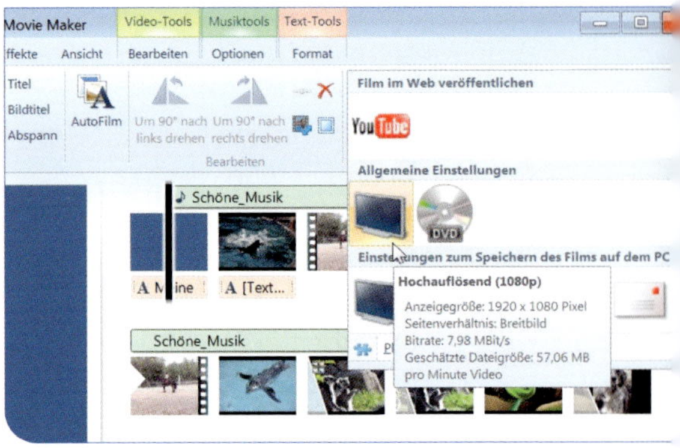


***Für Full-HD-Videos benötigen Sie diese Einstellung.***

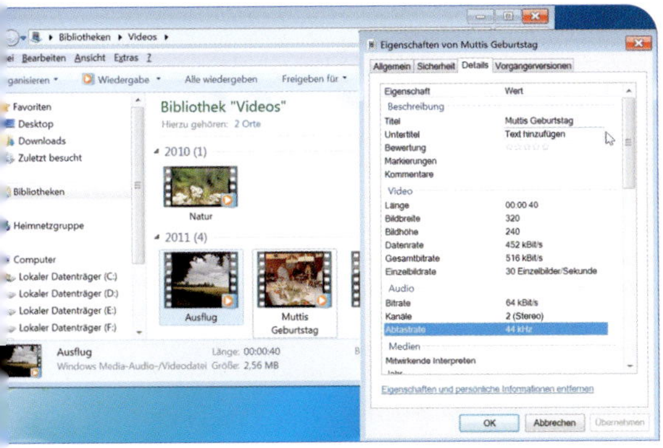


*In diesem Dialogfeld können Sie persönliche Metadaten ergänzen.*

## Was ist beim Archivieren von Videos zu beachten?

Wie bei Fotos sollten Sie auch bei Ihrer digitalen Videosammlung darauf achten, dass die Videos mit eindeutigen Namen und einer gut durchdachten Ordnerstruktur abgelegt werden (Jahr, Ereignis, Name der Videodatei). Eine gute Struktur könnte z. B. so aussehen: 2011/Sommerurlaub/Folksfest.wmv.

Sie können Videos im wmv-Format (Windows Media Video, ein Video-Codec von Microsoft) auch Metadaten wie bei einem digitalen Bild zuweisen. Öffnen Sie unter Windows 7 das Kontextmenü einer Datei. Wählen Sie hier den Reiter „Details" aus und klicken Sie anschließend in ein Textfeld, um dieses zu bearbeiten. Sie können hier z. B. einen Titel, einen Untertitel oder eine Bewertung einfügen.

## Wie kann ich die Videos abspielen?

Je nachdem, ob Sie das Video auf eine DVD gebrannt oder als Datei gespeichert haben, können Sie es auf einem kompatiblen Abspielgerät wie einem Handy, einem Multimediaplayer oder TV-Gerät abspielen. Unter Windows 7 können Sie Ihre Videos mithilfe des mitgelieferten Media Players anschauen.

*Windows 7 beeinhaltet einen Media Player.*

## Wie vergrößere ich das Videobild?

Sie können die Größe des Videobilds verändern. Je nach Videoauflösung und Bildschirmformat entstehen links und rechts oder oben und unten am Bildschirm schwarze Balken. Um in den Vollbildmodus zu gelangen, führen Sie im Videobild einen Doppelklick aus oder Sie öffnen das Kontextmenü und klicken auf den Eintrag „Vollbild". Außerdem können Sie hier unter „Video" das Bild um 50 Prozent verkleinern oder auf eine Größe von 200 Prozent bringen. Des Weiteren können Sie hier die Videoeinstellungen aufrufen, um Parameter wie Farbton, Helligkeit, Sättigung und Kontrast über Schieberegler anzupassen.

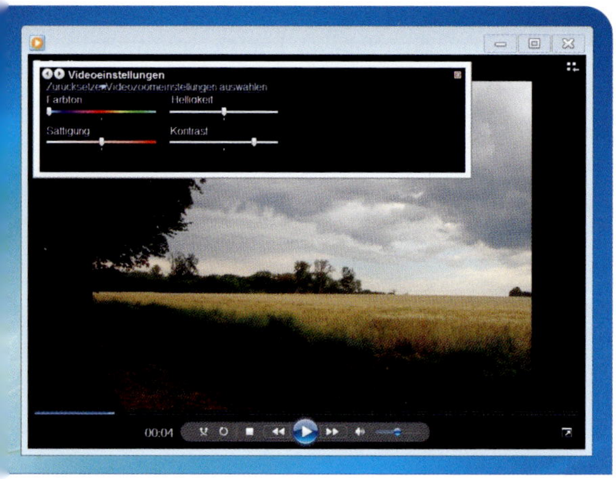


***Passen Sie die Bildeinstellungen an.***

## Wo finde ich die Videos im Media Player?

Wenn Sie Bilder, Musik und Videos in den entsprechenden Bibliotheken in Ihrem Benutzerkonto abgespeichert haben, dann finden Sie diese Daten auch im Media Player. Wechseln Sie dafür zur Bibliotheks-Ansicht über den mit drei Quadraten und einem Pfeil gekennzeichneten Button. Derselbe Schalter findet sich auch in der Bibliotheks-Ansicht, um wieder zur aktuellen Wiedergabe zu wechseln.

**Tipp:** Windows Media Player können Sie nicht nur zur Wiedergabe von Daten auf dem PC nutzen, sondern auch zum Abspielen von Video-DVDs oder Audio-CDs. Legen Sie einen entsprechenden Datenträger in das optische Laufwerk Ihres PCs und öffnen Sie die Bibliotheks-Ansicht. Klicken Sie nun auf Ihr optisches Laufwerk um den DVD-Inhalt im Detailbereich anzuzeigen und zu starten.

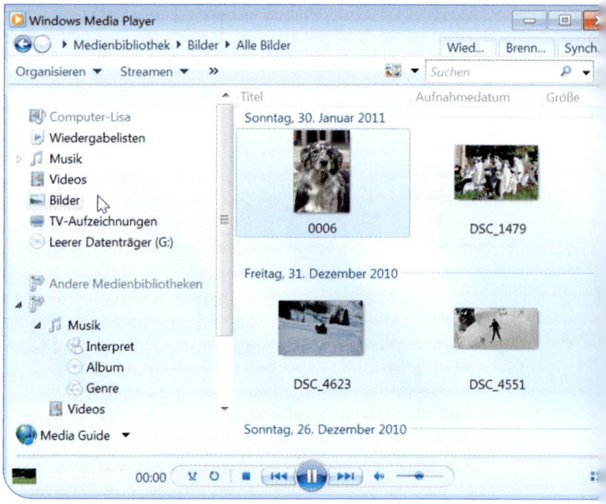


***Klicken Sie auf ein Bild um eine Diashow zu starten.***

## Wie spiele ich Musik ab?

Musiktitel können Sie genau wie andere Multimediadaten über die Bibliotheks-Ansicht aufrufen und starten. Wählen Sie dafür die Liste „Musik" aus. Wenn Sie möchten, können Sie die Musiktitel nun nach Interpret, Album oder Genre anzeigen lassen. So finden Sie im Handumdrehen die Musikstücke, die Sie gerade hören möchten.

***Wenn der Media Player minimiert auf der Taskleiste liegt, dann können Sie ihn über diese Schaltfläche bedienen.***

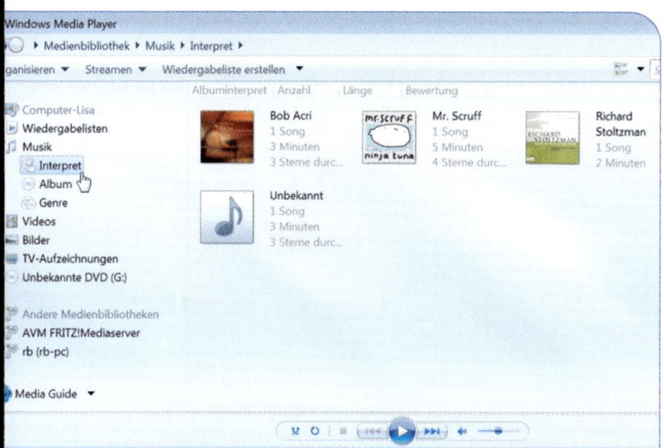


***Sortieren Sie Musik per Mausklick.***

***Sortieren Sie Musik nach Interpreten, Album oder Genre.***

## Wie kann ich Musik hinzufügen?

Öffnen Sie einfach das Kontextmenü des Eintrags „Musik" und wählen Sie „Musikbibliothek verwalten". Über ein Verzeichnis-Fenster können Sie nun einen beliebigen Ordner auf Ihrem Rechner in die Bibliothek einbinden. Genauso einfach wie beim Einbinden können Sie einen Eintrag auch wieder löschen. Gehen Sie auf den Detailbereich, öffnen Sie das Kontextmenü der entsprechenden Datei und wählen Sie den Eintrag „löschen".

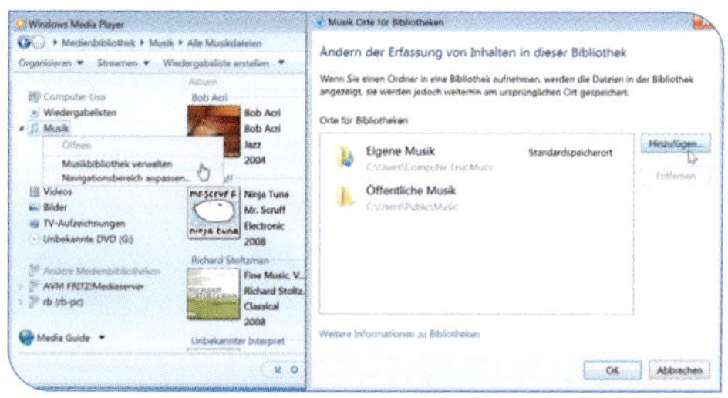


***Erweitern Sie Ihre Musiksammlung.***

## Kann man Wiedergabelisten erstellen?

Sie können individuelle Wiedergabelisten erstellen. Dafür müssen Sie die entsprechenden Songs aus dem Navigationsbereich in den Listenbereich verschieben. Im Wiedergabebereich können Sie die Reihenfolge der Lieder dann ebenfalls per Drag and Drop Ihren Vorstellungen anpassen. Um die Liste dauerhaft zu speichern, klicken Sie einfach auf die zwei Pfeile am oberen Rand des Listenbereichs und öffnen Sie das Pull-down-Menü.

Hier klicken Sie auf „Liste speichern" und geben der Liste einen passenden Namen. Ab sofort erscheint die Wiedergabeliste nun im Navigationsbereich und kann immer wieder ausgewählt und angepasst werden.

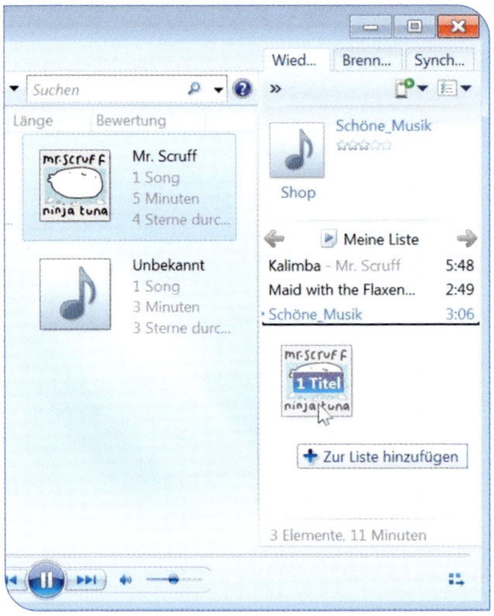


***Stellen Sie Ihre persönliche Wiedergabeliste per Drag and Drop zusammen.***

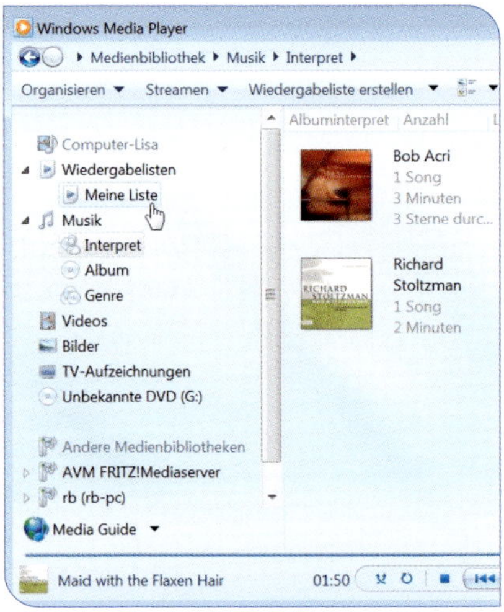


***Eine gespeicherte Wiedergabeliste finden Sie im Navigationsbereich.***

## Wie lässt sich die Wiedergabeliste steuern?

Sie können die Wiedergabe einer Liste, wie alle Multimediaelemente im Media Player, über den Wiedergabesteuerungs-Bereich abspielen. Wenn Sie eine Multimediatastatur haben, lassen sich die meisten Wiedergabefunktionen auch über die Tastatur steuern, z. B. unterstützen die meisten Modelle Funktionen wie Wiedergabe, Pause, vor bzw. zurück oder Stopp.

## Wie kann ich Musik aus dem Internet empfangen?

Viele Radiostationen in der ganzen Welt übertragen ihre Programme über das Internet, die sich mithilfe der passenden Hard- und Software am PC wiedergeben lassen, z. B. mit dem Media Player unter Windows 7. Öffnen Sie den Media Player und klicken Sie auf die Schaltfläche „Media Guide". Eine Internetverbindung vorausgesetzt, verbindet sich der Media Player nun mit dem Windows Media Guide, in dem Sie verschiedene Internetradios anwählen können.

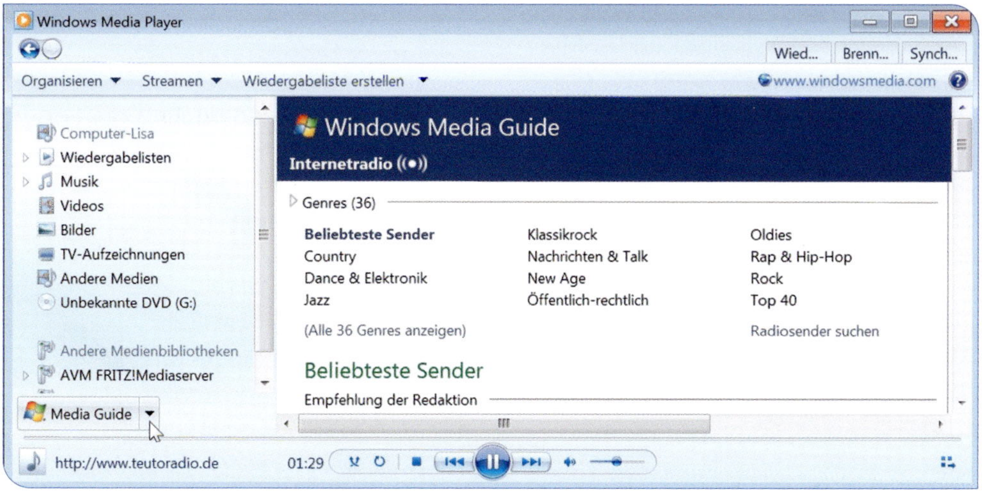


***Internetradios liegen im Trend.***

## Wo finde ich einen bestimmten Sender?

Im Detailbereich können Sie nun einen Radiosender suchen. Die Radiosender sind nach Genres wie Jazz, Rock oder Oldies sortiert. Wenn Sie den passenden Sender gefunden haben, klicken Sie auf die Schaltfläche „Anhören", um den Internetradiosender über Ihre PC-Lautsprecher wiederzugeben. Haben Sie keinen passenden Sender gefunden, können Sie mithilfe des Links im Detailbereich nach weiteren Sendern suchen.

## Ich finde meinen Lieblingssender nicht. Was nun?

Sie haben Ihren persönlichen Lieblingssender nicht gefunden? Das kann passieren. Um den Sender dennoch über den Media Player wiederzugeben, benötigen Sie den passenden Link zum Radio-Stream, dem Datenstrom, den der Sender ins Netz schickt. Viele Sender veröffentlichen die sogenannte URL (Uniform Resource Locator, mit deren Hilfe Datenquellen im Netz identifiziert und lokalisiert werden) auf Ihrer Website oder Anwender stellen den Link ins Netz. Suchen Sie einfach mal über eine Suchmaschine den Link. Wie man Suchmaschinen nutzt, erklären wir später. Haben Sie den passenden Link gefunden, müssen Sie ihn nur noch dem Media Player mitteilen.

Öffnen Sie im Kontextmenü der Adressleiste den Eintrag „Datei" und „URL öffnen". Alternativ können Sie auch die Tastenkombination „Strg+U" eingeben. Nun öffnet sich ein Dialogfenster, in dem Sie die URL Ihres Lieblingssenders eintragen können. Klicken Sie dann auf „OK". Haben Sie die richtigen Daten übertragen, sollte sich nun eine Verbindung zum Internetradio aufbauen und Sound aus den Boxen kommen. Um den Link nicht jedes Mal neu einzurichten, können Sie den gewünschten Sender unter „Wiedergabeliste" speichern und dann per Mausklick verfügbar haben.

**Tipp:** Viele Internetradios übertragen nicht nur Musik und Sprachen, sondern auch Informationen zu Interpreten und Titel. Wenn Sie diese ansehen wollen, sollten Sie die Wiedergabeliste im Wiedergabesteuerungs-Bereich im rechten Fensterbereich öffnen.

## Wie kann ich über das Internet fernsehen?

Neben diversen Radiosendern gibt es auch immer mehr TV-Anstalten, die Ihr Programm zumindest teilweise über das Internet verbreiten. Dabei setzen die Sender auf unterschiedliche Methoden. Beispielsweise werden Sendungen live über das World Wide Web ausgestrahlt oder stehen zum Download auf Abruf bereit. Geben Sie in Ihrem Browser einfach die Web-Adresse eines TV-Senders ein und schauen Sie mal, was dieser an Videos bereithält. Gerade bei den öffentlich-rechtlichen und großen privaten Anbietern wird man schnell fündig.

***Finden Sie ein Internetradio anhand von Genres.***

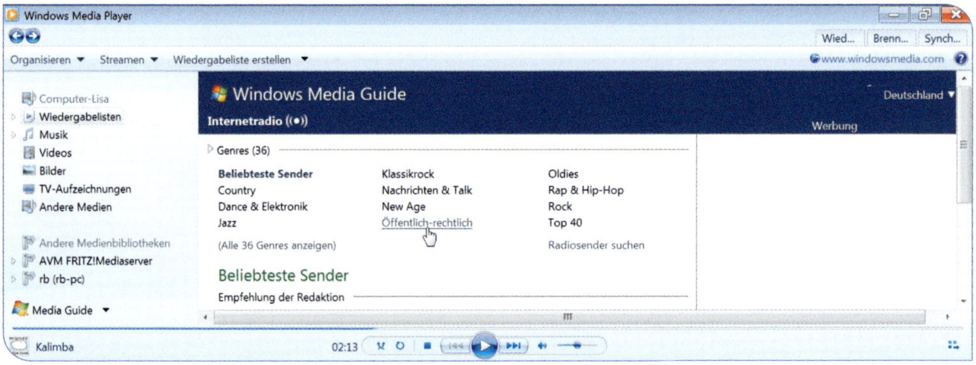

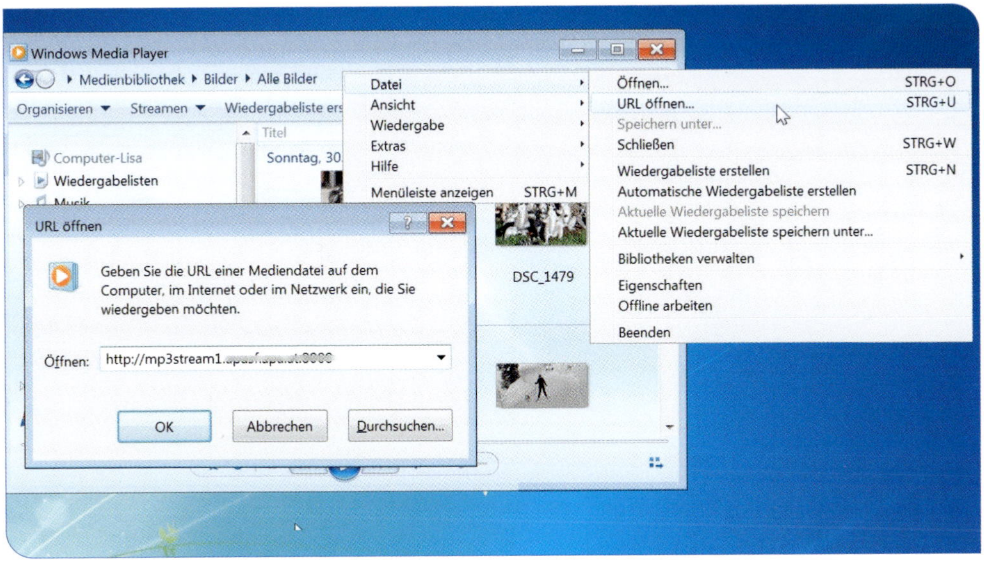


***So verbinden Sie sich mit einem Internetradio.***

## Wie ist die Qualität der Sendungen?

Viele TV-Sender bieten das Videomaterial in guter Qualität bis hin zu High-Definition-Inhalten an, d. h hochauflösendes Fernsehen, wie es von modernen Flachbildfernsehern unterstützt wird. Allerdings müssen für solche Inhalte große Datenmengen übertragen werden. Wer eine langsame Internetanbindung hat, wird Probleme haben, ein flüssiges Bild ohne Unterbrechungen zu bekommen.

## Wie kann ich Internet-TV am Fernseher sehen?

Das sogenannte IP TV (Internet Protocol Television) und Videos aus Online-Videotheken können Sie auf verschiedene Weisen auf dem Fernseher empfangen. Viele Notebooks und PCs verfügen über einen Grafikausgang, der sich mit modernen TV-Geräten verbinden lässt, z. B. VGA oder HDMI. Ist die Verbindung hergestellt, können Sie das Bild des Rechners auf dem Fernseher sehen. Außerdem gibt es von verschiedenen Anbietern sogenannte Set-Top-Boxen, die für den Empfang von Internet-TV, Online-Videotheken und mehr ausgelegt sind. Fragen Sie Ihren Telekommunikations- oder DSL-Anbieter, ob er eine solche Box im Angebot hat.

## Suchmaschinen

## Browser

## E-Mail

## Computerviren

Soziales Netzwerk

Homepage

WLAN

# Ab ins Internet

# News, Spiel und Spaß aus dem Internet

Das Internet gehört für viele Menschen mittlerweile zum Leben – ähnlich wie ein Radio oder ein Fernseher. Allerdings ist das Internet nicht nur zur Unterhaltung da. Das Internet macht den PC zu einer globalen Interaktionsplattform, über die man jederzeit Informationen abrufen kann, sich unterhalten lässt oder mit Freunden in Kontakt tritt. Beispielsweise können Sie via Internet mit Ihrem Computer aktuelle Tageszeitungen lesen, mit Freunden live Textnachrichten austauschen oder sogar telefonieren - wer mag und die passende Hardware hat, mit Livebild als Video-Konferenz. Ein großer Spaß, wenn man etwa mit Freunden oder Geschäftspartnern am anderen Ende der Welt – oder auch nur ein paar Straßen weiter – sprechen möchte.

Was das Internet ist und was Sie brauchen, damit Sie die wichtigsten Funktionen nutzen können, erfahren Sie auf den nächsten Seiten.

### Was ist das Internet eigentlich?

Das Internet ist ein weltumspannendes, dezentrales Netzwerk, das internetfähige Geräte miteinander verbindet. Dazu gehören nicht nur Notebooks und Desktop-PCs, sondern mittlerweile auch viele Mobiltelefone, Audioplayer, Radios und Fernseher. Grundvoraussetzung für alle Geräte ist ein Zugang zum Internet, der mit einer speziellen Hardwarekomponente über einen sogenannten Provider aufgebaut werden kann.

Die bekannteste Tätigkeit im Internet ist wohl das Surfen im World Wide Web (engl. für „Weltweites Netz"). Hier können Sie über ein Softwareprogramm, einem sogenannten Browser, Seiten aufrufen und mit einem Mausklick über Links zu anderen Inhalten oder sogenannten Webseiten springen. Dann gibt es noch weitere Dienste im Internet wie E-Mail-Dienste. Eine E-Mail ist eine elektronische Post, mit der Sie Texte, aber auch Dateien wie Bilder, Videos oder Musik verschicken können.

### Was ist ein Browser?

Ein Browser ist eine Software, mit der Sie Seiten aus dem World Wide Web auf Ihrem Computer sichtbar machen können. Diese Software ist in der Regel kostenlos und wird von verschiedenen Anbietern zur Verfügung gestellt, wie den Internet Explorer von Microsoft oder Firefox (Mozilla Foundation). Das Aufrufen von Seiten über einen Browser wird als Surfen bezeichnet.

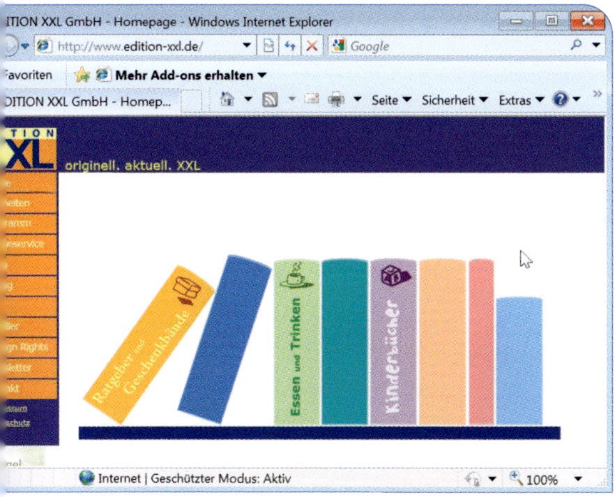


***Mit einem Browser können Sie die Webseiten aufrufen.***

## Was ist eine Homepage? Eine Website?

Eine Homepage bzw. eine Website beinhaltet Informationen, die Sie im Browser wiedergeben können. Diese Seiten sind mit Links versehen, kleine Schalter oder Texte, die Sie mit der Maus anklicken können, um zu anderen Webseiten oder Inhalten zu springen.

Als Homepage wird die Einstiegs- oder Hauptseite eines Webauftritts bezeichnet. Hier landet der Internetnutzer, wenn er die Adresse einer Internetseite eingibt.

## Was ist eine Internetadresse?

Die Internet- oder Webadresse, die auch als URL bezeichnet wird, besteht in der Regel aus vier Bestandteilen: einem Protokollnamen (damit der Computer weiß, mit welchen Standards er einen Internetdienst ansprechen soll, z. B. das Hypertext-Übertragungsprotokoll „http“), der Bezeichnung, wo sich die Seite befindet (z. B. „www“ für das World Wide Web) und dem Namen der Seite (beispielsweise ein Firmenname oder der Name einer Zeitschrift). Außerdem wird eine Endung benötigt, die aussagt, in welchem Land sich die Seite befindet oder die die Art der Organisation kennzeichnet. Endet eine Webadresse beispielsweise mit „.com“, steht diese Endung für eine Organisation. „.de“ bedeutet, dass die Seite aus Deutschland kommt.

Eine gültige Webadresse könnte also so aussehen: http://www.edition-xxl.de

***Viele Browser setzen den Eintrag „http://“ automatisch (hier grau hinterlegt). Somit müssen Sie das Übertragungsprotokoll nicht jedes Mal manuell eintippen.***

**Tipp:** Auf die Eingabe von „http://“ können Sie bei den meisten Browsern verzichten, dieser Zusatz wird in der Regel automatisch angefügt.

## Wie komme ich ins Internet?

Wer einen modernen PC besitzt, der hat in der Regel ein Modell, dass die nötige Hardware für eine Internetverbindung mitbringt. Sehr häufig wird eine Internetverbindung über eine Netzwerkschnittstelle, einem sogenannten LAN-Anschluss (Local Area Network), aufgebaut. Dieser Daten-Ein- und -Ausgang wird mit einem DSL-Modem verbunden, einem Kasten, der als Schnittstelle zum Internet dient. Dann müssen Sie das DSL-Modem noch mit dem Internet verbinden. Den entsprechenden Zugang können Sie u. a. bei einem Telekommunikationsanbieter bestellen, der diesen über Ihren Telefonanschluss zur Verfügung stellt. Alternativ gib es natürlich noch viele weitere Möglichkeiten ins Internet zu kommen: beispielsweise über das Kabelfernsehen oder einen kleinen USB-Stick, der Sie via Mobilfunknetz (z. B. UMTS) mit dem Internet verbindet.

**Drei Dinge sind notwendig, um ins Internet zu kommen:**

1. Einen internetfähigen Computer/anderes Gerät.
2. Eine Hardware, die den PC mit dem Internet verbinden.
3. Einen Provider, der den Zugang zum Internet freischaltet.

*Ein LAN-Anschluss (Mitte)*

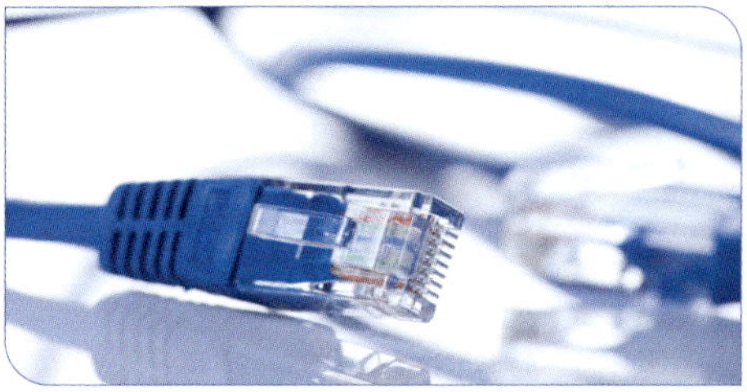

*Ein LAN-Stecker*

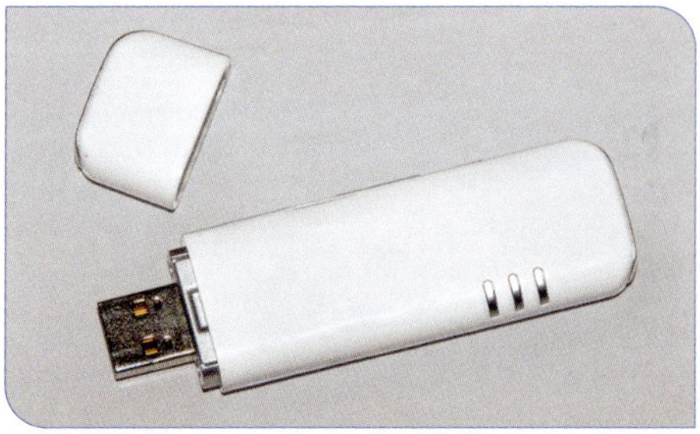

*Ein USB-UMTS-Modem*

## Welchen Provider soll ich wählen?

Ähnlich wie bei einem Handyvertrag lässt sich diese Frage nicht ohne Weiteres beantworten. Es kommt immer darauf an. Wie lange wollen Sie ins Internet? Wie viele Daten versenden oder empfangen Sie über Ihren Anschluss? Am sichersten fährt man, wenn man eine sogenannte Flatrate wählt. Hier kann man zeitlich und vom

Datenvolumen her unbegrenzt für eine bestimmte Pauschale im Monat das Internet nutzen. Wer nur gelegentlich ins Internet möchte, für den gibt es, ähnlich wie beim Handy, Bezahlsysteme, bei denen man nur dann zahlt, wenn man das Internet auch wirklich nutzt. Informieren Sie sich vorher über den Umfang eines Pakets, die Kosten und eventuelle Einschränkungen bzw. Mehrkosten. Es gibt beispielsweise Verträge, die ab einem bestimmten Datenvolumen die Übertragungsgeschwindigkeit drosseln. Wichtig ist auch zu wissen, ob im Paket eines Anbieters ein entsprechendes Modem bzw. weitere Hardware wie Anschlusskabel etc. enthalten sind. Fehlt dies, kommen eventuell weitere Kosten auf Sie zu.

## Wie komme ich ins Internet?

Sie haben sich für einen Anbieter entschieden und ein Modem, beispielsweise ein DSL-Modem oder einen UMTS-Stick erhalten? Dann müssen Sie die Komponenten mit Ihrem PC (bzw. im Falle eines DSL-Modems mit dem PC, eventuell noch anderen Komponenten und dem Anschluss Ihres Providers – beispielsweise der Telefondose) verbinden. Je nach Anbieter müssen Sie nun die persönlichen Zugangsdaten eingeben, um eine Verbindung herzustellen. Sobald die Verbindung steht, können Sie mit einem Browser ins World Wide Web eintauchen.

**Tipp:** Wer im Umgang mit Hard- und Software ungeübt ist, sollte sich beim Einrichten einer Internetverbindung helfen lassen. Ein falsches Kabel am Gerät, eine falsche Zustimmung in der Software, und schon kann der Weg ins Internet versperrt sein.

## Lässt sich Kabelsalat vermeiden?

Kabelsalat lässt sich nicht immer vermeiden, aber reduzieren. Vermeiden können Sie lästige Kabel nur mit einer Funkverbindung z. B. über das Mobilfunknetz. Für diesen Zweck brauchen Sie entweder eine im Rechner integrierte Karte oder einen USB-Stick, der eine Verbindung zum Mobilfunknetz herstellen kann.

Für den Hausgebrauch haben sich sogenannte WLANs (Wireless Local Area Network), durchgesetzt. Dies sind quasi kabellose Netzwerke (LAN), die per Funk eine Verbindung zum DSL-Gerät herstellen. Die DSL-Hardware bleibt bei diesem Beispiel via Kabel mit dem Internetanschluss verbunden. Die Reichweite einer WLAN-Verbindung ist stark abhängig von den räumlichen Gegebenheiten, beispielsweise schränken Wände die Funkstrecke deutlich ein.

**Info:** Egal, ob Mobilfunknetz oder WLAN, bei Funkverbindungen wird Strahlung frei, die durch eine Kabelverbindung vermieden werden kann.

## Was brauche ich, um WLAN zu nutzen?

Sie benötigen eine WLAN-Karte in Ihrem PC oder Notebook und ein WLAN-Modul in Ihrem DSL-Modem. Viele Geräte sind bereits für WLAN gerüstet, darunter auch Handys, Internetradios oder Fernseher. Damit die Geräte kommunizieren können, müssen Sie sie verbinden.

## Wie verbinde ich ein WLAN-Gerät?

Es gibt mehrere Wege, ein WLAN-Netzwerk aufzubauen. Und es gibt einiges dabei zu beachten. Wer im Umgang mit Hard- und Software ungeübt ist, sollte sich, um Sicherheitsrisiken zu vermeiden, Rat holen. Dennoch wollen wir hier die wichtigsten Begriffe kurz anreißen, denn Sie sollten zumindest von den Sicherheitsrisiken gehört haben.

Sicherheit ist im Internet immer ein wichtiges Thema, und auch in einem Funknetz sollten Sie einige Sicherheitsaspekte beachten. Denn bauen Sie eine ungeschützte WLAN-Verbindung auf, kann jeder, der ein WLAN-Gerät hat, über Ihren Anschluss ins Internet. Das ist noch nicht das Schlimmste, aber wenn derjenige illegale Downloads von Musik oder Filmen durchführt und dadurch Urheberrechte verletzt, fällt das zunächst auf Sie zurück. Darum sollten Sie ein WLAN immer nur geschützt nutzen.

## Wie schütze ich eine WLAN-Verbindung?

Die sicherste Methode ist natürlich, das WLAN gar nicht erst einzuschalten – und lieber auf eine Kabelverbindung zu vertrauen. Es gibt aber Alternativen: Sie können ein WLAN verschlüsseln, sodass man nur mit dem Netzwerk eine Verbindung herstellen kann, wenn man einen sogenannten Netzwerkschlüssel hat. Zum Verschlüsseln eines Netzwerks gibt es zwei etablierte Standards: WEP (Wired Equivalent Privacy) und WAP2 (Wi-Fi Protected Access). Dabei ist dem WAP-Standard, am besten WAP2, immer der Vorzug zu geben, denn dieser Standard ist deutlich sicherer als WEP.

***Öffnen Sie das Netzwerk- und Freigabecenter um die WLAN-Einstellungen anzupassen.***

## Wie verschlüssele ich ein Netzwerk?

Computer und Funknetzempfänger müssen beide denselben Verschlüsselungsstandard unterstützen. Außerdem müssen Sie beiden Systemen sagen, welchen Standard Sie nutzen wollen. Dies lässt sich in der Regel über den Browser durchführen, zumindest, was das DSL-Modem angeht. Im PC finden Sie die Eigenschaften des WLAN-Moduls in der Systemsteuerung unter „Netzwerk- und Freigabecenter". Hier sind die Verbindungstypen aufgelistet. Klicken Sie die „Drahtlosnetzwerkverbindung" an und öffnen Sie in der Dialogbox „Status ..." die „Drahtloseigenschaften". Unter dem Reiter „Sicherheit" lässt sich nun der Sicherheitstyp bestimmen und ein Kennwort eingeben. Der Sicherheitsmodus sowie das Kennwort, der sogenannte Netzwerk- oder Sicherheitsschlüssel, müssen in allen angeschlossenen Geräten identisch sein. Bei der nächsten Verbindung erkennt das WLAN-Empfangsgerät die angeschlossenen Computer und Geräte automatisch, denn jedes WLAN-Gerät hat eine eindeutige Identifizierungsnummer, eine sogenannte MAC-Adresse (Media-Access-Control-Adresse).

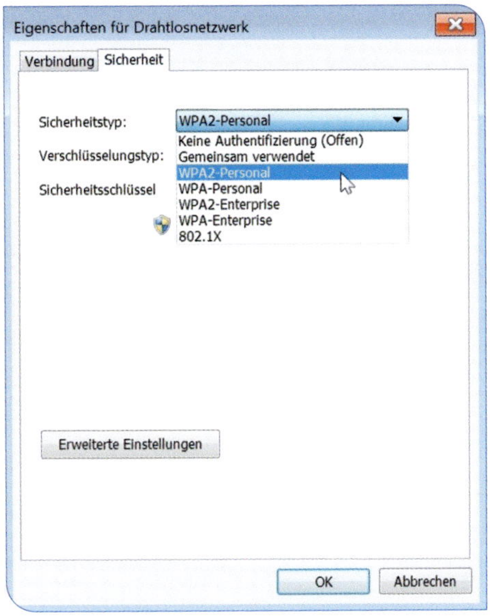


***Ein Funknetzwerk (WLAN) sollte abgesichert sein.***

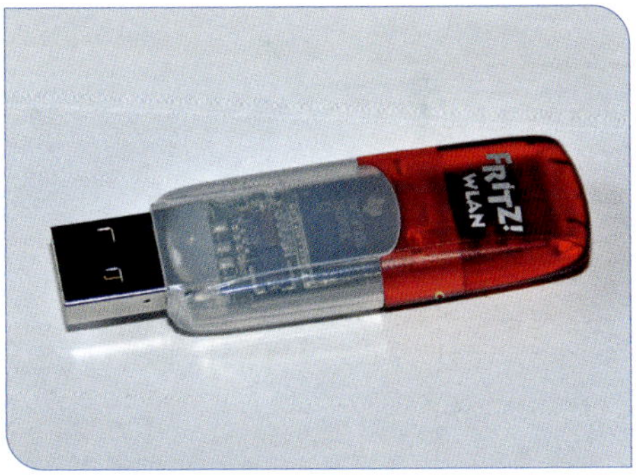


***Mit einem USB-WLAN-Stick können ältere Rechner für ein Funknetzwerk fit gemacht werden.***

Sie haben Ihr WLAN sicher verschlüsselt? Gut so. Aber damit sind Ihre Bemühungen für einen sicheren Datenaustausch mit dem Internet noch nicht abgeschlossen. Leider lauern noch weitere Gefahren bei der Nutzung des World Wide Web. Immer wieder hört man von Viren, Trojanern oder ähnlicher Schadsoftware, die Computer befallen und Schäden anrichten können. Darum sollten Sie sich vor digitalen Angriffen gut schützen.

## Was ist ein Computervirus?

Computerviren sind den Viren, die uns Menschen befallen, sehr ähnlich – allerdings sind sie digital. Es handelt sich dabei um kleine Programme, die sich selbst vermehren (d. h. kopieren und verbreiten) können, um in dem befallenen System Schaden anzurichten. Dabei gibt es Computerviren, die mehr oder weniger gefährlich sind. Ein Computervirus herzustellen ist für einen erfahrenen Programmierer kein Problem. Schwierig ist nur, ihn so gut zu tarnen, dass er vom „Immunsystem" des PCs nicht erkannt wird und sein Werk ungestört vollenden kann.

## Wie kommt der Virus auf den PC?

Computerviren sind kleine Programme, die über verschiedene Wege auf den PC gelangen, beispielweise über das Internet. Wer im Internet unterwegs ist, der tauscht auch Daten aus, die Viren enthalten können. Viren haften sich häufig an Programmdateien oder Dokumente an und schleusen sich in ein System ein. So können Viren in einem E-Mail-Anhang versteckt sein oder in einem Programm, das Sie auf einem mobilen Datenträger wie einer CD, DVD oder USB-Festplatte bekommen haben.

Neben Viren gibt es noch andere Schadsoftware wie Würmer oder Trojanische Pferde. Würmer lösen im Computer Abläufe aus, die ihn überlasten. Tojanische Pferde arbeiten unbemerkt im Hintergrund und können verschiedene Aktionen selbstständig ausführen, beispielsweise Passworte ausspähen oder den Datenverkehr überwachen.

***Computerviren können via Internet auf Ihren Computer gelangen – oder über einen Datenträger wie eine externe USB-Festplatte, einen USB-Stick oder eine CD bzw. DVD übertragen werden.***

## Wie erkenne ich eine Schadsoftware?

Mit dem bloßen Auge kann man eine Schadsoftware leider nur selten erkennen. Es gibt aber Anzeichen für einen Befall, beispielsweise wenn der Computer deutlich ausgebremst wird, unbekannte Programme eine Verbindung zum Internet aufbauen oder Ihr Webbrowser beginnt, beim Start ungewöhnliche Seiten anzusurfen.

## Kann man einen Computer schützen?

Ja, das können Sie. Sie müssen das „Immunsystem“ Ihres Computers stärken und regelmäßig pflegen. Das heißt, Sie brauchen eine Firewall, ein Antivirenprogramm und immer eine aktuelle Virensignatur, die dem Programm sagt, wie es welches Virus erkennt. Außerdem gibt es auch noch ein paar grundlegende Verhaltensregeln, die die Gefahr einer Infektion verringern.

**Seien Sie wachsam:**
Installieren Sie nur Software aus sicheren und seriösen Quellen! Laden Sie sich keine Programme von unsicheren Webseiten herunter!

**Tipp:** Wählen Sie als Downloadquelle lieber ein Downlaodportal einer großen Computerzeitschrift, als sich bei dubiosen Anbietern aus fernen Ländern zu bedienen!

**Öffnen Sie keine Anhänge von E-Mails unbekannter Herkunft!**
Wer eine E-Mail-Adresse hat, wird schnell mit sogenannten Spam-Mails bombardiert. Was Sie gegen Spams machen können, erfahren Sie im Abschnitt „E-Mail“.

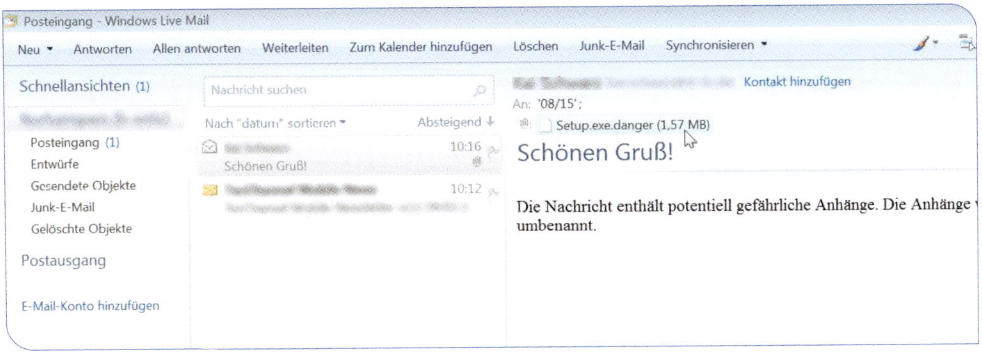


***E-Mails können potentiell gefährliche Anhänge enthalten. Öffnen Sie nur Anhänge aus sicheren Quellen.***

## Woher bekomme ich diesen Schutz?

Firewall, Virenschutz usw. sind Programme, die entweder auf Ihrem PC vorhanden sind, separat gekauft werden können oder zum kostenlosen Download bereitstehen. Für den Einsteiger ist es am praktischsten, wenn er sich eine Internet Security Lösung eines renommierten Herstellers besorgt und diese installiert. Solche Pakete beinhalten in der Regel alle wichtigen Komponenten für den Schutz eines PCs. Pflichtmodule sind dabei ein Antivirenprogramm und eine Firewall. Außerdem können enthalten sein: Spam-Schutz, Kindersicherung, Datenrettung und mehr.

Alternativ hat Windows 7 ein umfangreiches Sicherheitspaket mit an Bord oder kann durch zusätzliche Microsoft-Produkte weiter abgesichert werden, beispielsweise durch das „Tool zum Entfernen bösartiger Software", das Sie über ein regelmäßiges Windows-Update erhalten. Dieses Tool überprüft den PC auf bestimmte Infektionen und versucht, diese zu beseitigen.

Die Firewall ist bei Windows 7 bereits enthalten und kann über die Systemsteuerung erreicht werden. Hier können Sie verschiedene Parameter verstellen oder die Firewall an bzw. abstellen. Deaktivieren Sie die Firewall nur, wenn Sie z. B. eine andere aus einem Internet Security Paket nutzen. Eine Firewall schützt Sie vor unerlaubten Zugriffen, sowohl von Ihrem PC aus, als auch zu Ihrem PC hin. Die Firewall kontrolliert ständig den Datenverkehr nach bestimmten Regeln und blockiert unerwünschte Zugriffe. Außerdem können Sie mit einer Firewall bestimmte Programme für den Zugriff aufs Internet sperren.

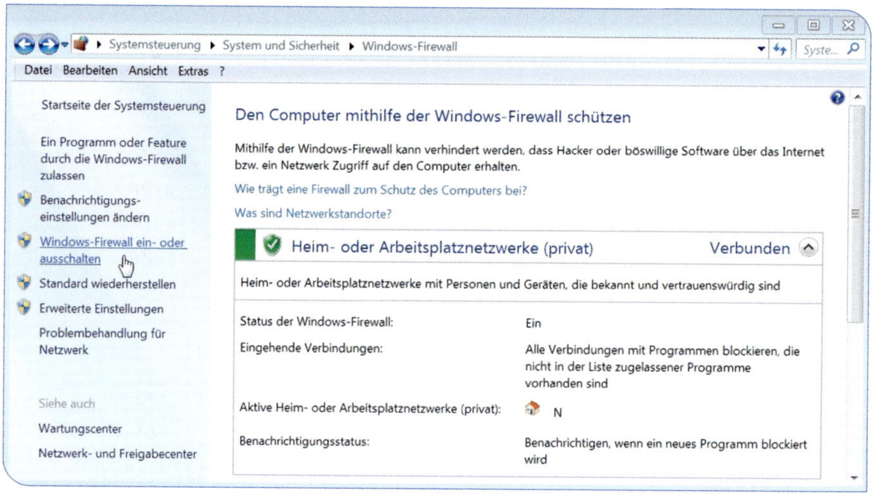


***Die Firewall kann umfangreich angepasst werden.***

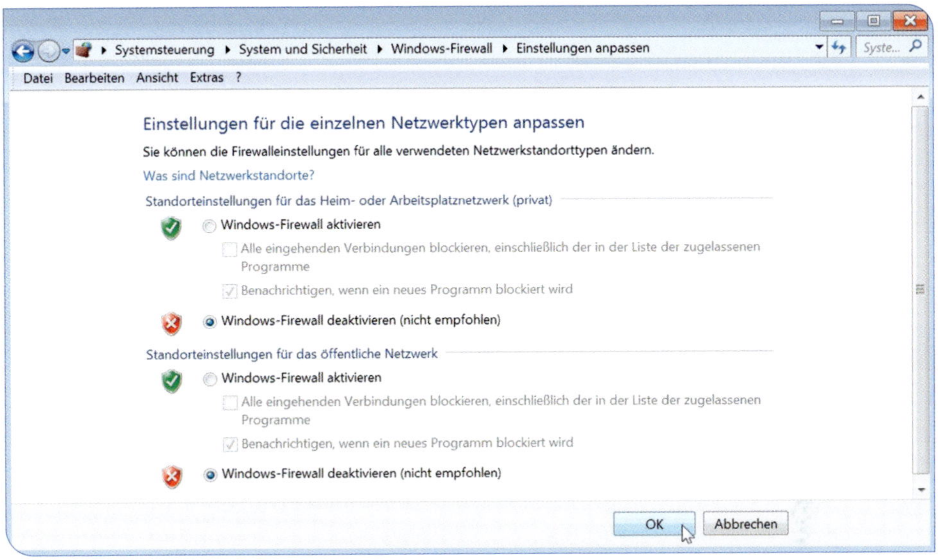


***Sie können die Windows-Firewall ausschalten, wenn eine andere Firewall aktiv ist. Ohne aktive Firewall sollten Sie keine Netzwerkverbindung aufbauen.***

## Wie finde ich die Firewall?

Die Firewall von Windows 7 finden Sie unter „System und Sicherheit" in der Systemsteuerung. In der Dialogbox „Windows-Firewall" können Sie die Firewall an- oder ausschalten und verschiedene Parameter anpassen. Wenn Sie beispielsweise ein Programm für den Zugang ins Internet blockieren möchten, dann müssen Sie in der linken Steuerleiste „Ein Programm oder Feature durch die Windows-Firewall zulassen" auswählen. In der folgenden Dialogbox können Sie die Zugriffsparameter einzelner Programme genau bestimmen.

Neben der Software-Firewall, wie sie Windows 7 integriert hat, bieten verschiedene Geräte, die den Computer ins Internet lassen, zusätzlich eine sogenannte Hardware-Firewall. Ein solcher Schutz ist in verschiedenen DSL-Routern integriert, die mehrere Computer in einem Netzwerk zusammenfassen und diesen einen gemeinsamen Zugang (via DSL-Modem) ins Internet erlauben. Die Einstellungen der integrierten Firewall lassen sich bei manchen Geräten über eine Eingabemaske verändern, die man über den Web-Browser öffnen kann. Wie und ob das bei Ihrem Gerät funktioniert, entnehmen Sie bitte dem Handbuch der entsprechenden Hardware.

## Wie nutze ich eine Antivirensoftware?

Neben einer Firewall ist eine aktuelle Antivirensoftware dringend zu empfehlen. Wichtig ist bei so einem Produkt, dass es immer auf dem aktuellen Stand gehalten wird. Denn täglich wird neue Schadsoftware entdeckt und ein Antivirenprogramm muss entsprechend reagieren können. Das funktioniert nur mit einer aktuellen Signatur – ähnlich wie beim Impfen. Nur wenn der Körper weiß, wogehen er kämpfen soll, kann er gut und schnell reagieren.

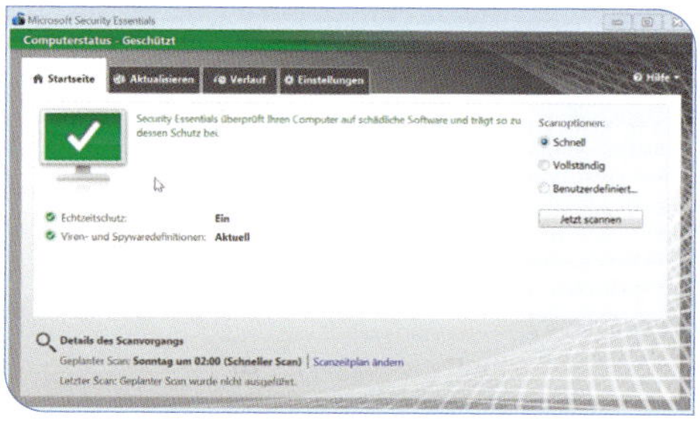


***Setzen Sie unbedingt eine Antivirensoftware ein.***

## Wie teuer ist eine Antivirensoftware?

Eine gute Antivirensoftware muss nicht teuer sein. Gerade für den privaten Gebrauch bieten viele Hersteller kostenlose Pakete an, die dennoch gute Dienste leisten. Allerdings bieten die Freeware-Versionen einen etwas abgespeckten Funktionsumfang im Vergleich zur Kaufsoftware, beispielsweise fehlen Webfilter oder andere Features. Ein anderes Finanzierungskonzept basiert auf Werbung. Einige kostenlose Produkte blenden Werbebanner ein oder bieten den Download bzw. die Installation weiterer Tools an, die z. B. von Werbekunden kommen. Wird ein Tool installiert, zahlt der Kunde an den Hersteller der Antivirensoftware einen bestimmten Betrag.

**Tipp:** Schauen Sie sich die Tests in aktuellen Ausgaben von Computerzeitschriften an, um zu sehen, welches Paket gerade die besten Ergebnisse liefert.

## Reicht der Schutz aus?

Ein gutes Antivirenprogramm bietet einen recht hohen Schutz, da ein- und ausgehende Daten gescannt werden. Wird ein Virus oder eine andere Schadsoftware aufgespürt, schlägt das Tool Alarm und arbeitet entweder selbstständig oder fragt den Benutzer nach weiteren Anweisungen. Je nach Art des Befalls können Sie eine infizierte Datei vorübergehend stilllegen, von dem Virus befreien lassen oder direkt löschen. Zusätzlich zu einem dauerhaft aktiven Antivirenprogramm sollten Sie Ihren Rechner regelmäßig komplett nach Viren abscannen. Dies kann je nach Größe der verbauten Festplatte einige Zeit in Anspruch nehmen. Bei großen Festplatten ist es daher ratsam, den Scanvorgang in die Abendstunden zu verlegen, wenn der Computer nicht mehr gebraucht wird. Einige Programme bieten die Möglichkeit, den PC nach dem Scannen automatisch herunterzufahren. So muss der Rechner nicht die ganze Nacht eingeschaltet bleiben.

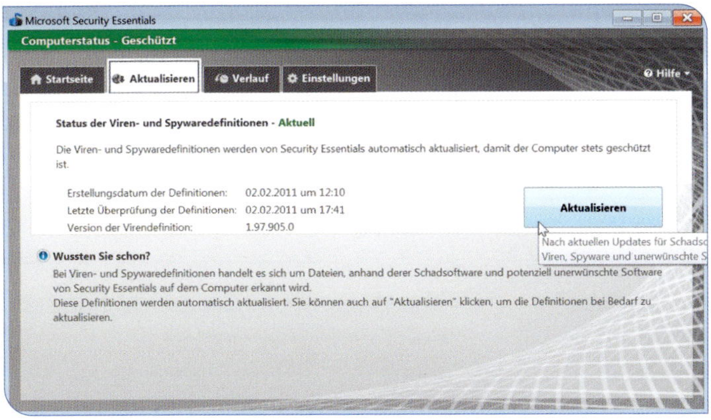


*Achten Sie immer darauf, dass die Antivirensoftware aktuell ist.*

## Macht eine Antivirensoftware den PC langsamer?

Ein Virenwächter arbeitet permanent im Hintergrund. Je nach gewählten Einstellungen werden alle oder nur bestimmte Dateien überprüft, die auf das System kommen oder vom System verschickt werden. Natürlich benötigt eine Antivirensoftware dafür auch einiges an Rechenleistung. Moderne Computer sind aber in der Regel mit so viel Leistungsreserven ausgestattet, dass der Anwender die Sicherheitsüberprüfung im Hintergrund nicht bemerkt. Leistungsschwache oder ältere Modelle kann ein Antivirenpaket aber spürbar ausbremsen.

**Tipp:** Nutzen Sie unbedingt eine Antivirensoftware und halten Sie diese immer auf dem neuesten Stand. Der Download der neuesten Virensignatur dauert nur wenige Sekunden, die sich aber lohnen.

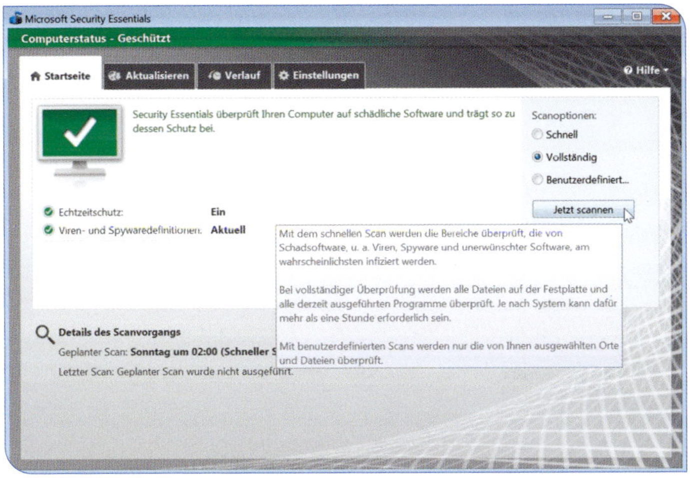


*Überprüfen Sie regelmäßig den kompletten Rechner auf Viren.*

Der Computer ist mit dem Internet verbunden, die Firewall steht und das Antivirenprogramm arbeitet zuverlässig mit der neuesten Antivirensignatur. Nun können Sie den ersten Schritt in Richtung World Wide Web machen. Wählen Sie einen der verfügbaren Browser und legen Sie los. Den Browser können Sie entweder durch eine Verknüpfung auf dem Desktop oder im Start-Menü unter „Programme" öffnen.

## Wie funktioniert ein Browser?

Ein Browser wie der Internet Explorer von Microsoft ist in verschiedene Bereiche aufgeteilt. Wichtige Punkte sind hier die Adressleiste, in der Sie die www-Adresse (Abkürzung für World Wide Web) eintragen können. Links daneben finden Sie zwei Pfeiltasten: Ein Pfeil zeigt nach links und einer nach rechts. Wenn Sie mit dem Mauszeiger auf den linken Schalter klicken, wechseln Sie zu der zuvor angesurften Webseite (oder Internetseite), klicken Sie auf den rechten Pfeil, surfen Sie zu der Seite, die vor dem Drücken der Zurücktaste angezeigt wurde.

## Was bedeuten die drei Schalter neben der Adressleiste?

### Der Kompatibilitäts-Button

Ältere Webseiten werden in einigen Fällen nicht korrekt angezeigt. Beispielsweise können Menüs, Texte oder Bilder verschoben sein. Mit einem Klick auf den Kompatibilitäts-Button kann dieser Fehler häufig behoben werden.

### Der Aktualisierungs-Button

Dieser Schalter ist durch zwei Pfeile gekennzeichnet: Einer geht nach oben, der andere nach untern. Wenn Sie den Button anklicken, wird die Seite neu geladen. Alternativ zu diesem Schalter können Sie auch die Taste F5 drücken.

### Der Stopp-Button

Wenn Sie diese Schaltfläche mit dem Mauszeiger anklicken oder alternativ die Esc-Taste drücken, wird der Ladevorgang der Seite unterbrochen. Dies kann dann sinnvoll sein, wenn Sie z. B. über eine langsame Internetverbindung verfügen und eine sehr speicherintensive Website (hier befinden sich mehrere Webseiten) laden. Bevor Sie nun warten, bis die Seite nach vielen Minuten vollständig zu sehen ist, brechen Sie den Ladevorgang besser ab.

***Geben Sie in die Adressleiste eine Webadresse ein.***

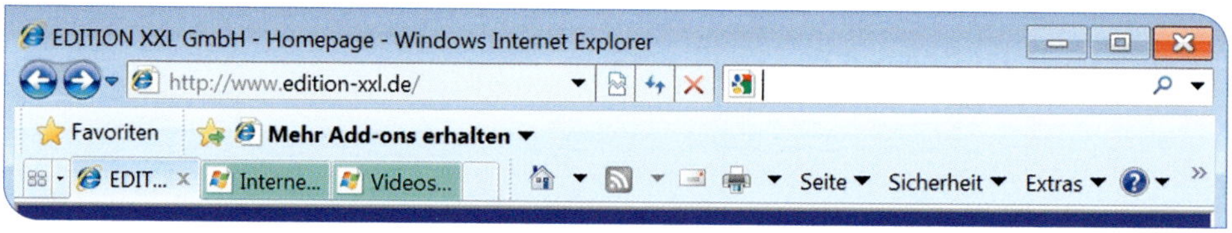

## Wozu ist das Suchfeld da?

Rechts neben der Adressleiste finden Sie im Internet Explorer ein Feld, in das Sie Suchanfragen eintragen können, die dann mithilfe einer sogenannten Suchmaschine ausgeführt werden. Wie eine bestimmte Suchmaschine ausgewählt wird, erklären wir später.

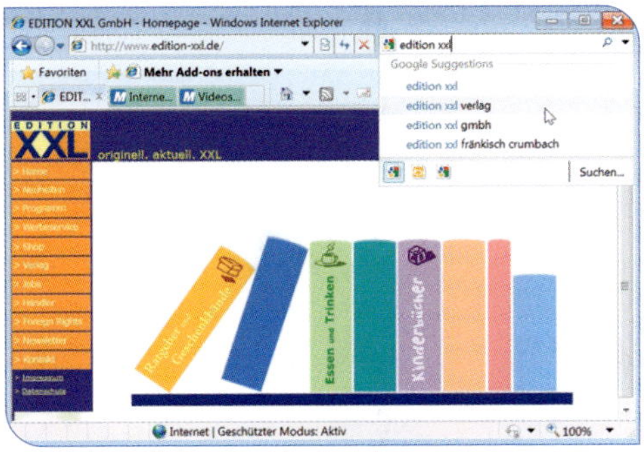


***Im Suchfeld können Sie direkt Ihre Suchanfragen eintippen.***

## Was sind Favoriten?

In der nächsten Zeile finden Sie die Schaltfläche „Favoriten". Klicken Sie den Button an, um ein Menü zu öffnen. In diesem Menü finden Sie verschiedene Ordner, in denen sich Links (engl. für „Verbindungen") zu Webseiten befinden. Hier können Sie auch selber Links zu Ihren favorisierten Webseiten hinterlegen. Haben Sie beispielsweise gerade eine bevorzugte Seite geöffnet, klicken Sie auf den mit einem Stern und einem Pfeil gekennzeichneten Button. Schon können Sie den Link der Favoritenliste hinzufügen. Ähnliche Funktionen bieten auch andere Browser. Wenn Sie gerne mit der Favoritenliste arbeiten, können Sie sich diese auch dauerhaft anzeigen lassen.

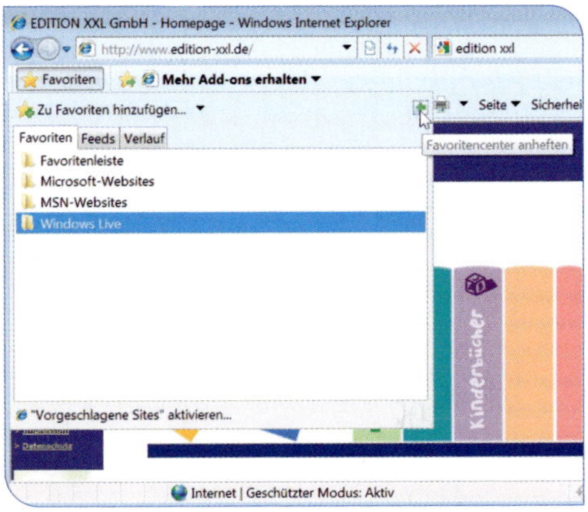


***So ist Ihre Favoritenliste dauerhaft zu sehen.***

## Wie kann ich mehrere Seiten öffnen?

Wenn mehrere Seiten im Internet Explorer geöffet sind, dann wird das durch mehrere Reiter angezeigt. Klicken Sie einfach auf einen der Reiter, um eine bestimmte Webseite aufzumachen. Sind Sie sich nicht mehr sicher, welcher Reiter zu welcher Webseite bzw. Registerkarte gehört? Kein Problem. Klicken Sie auf den Schalter links neben den Reitern, der mit vier Vierecken markiert ist. Umgehend wird Ihnen eine Übersicht der offenen Seiten inklusive Vorschau angezeigt.

## Wie öffne ich eine neue Registerkarte?

Wenn Sie mit dem Internet Explorer arbeiten, dann klicken Sie permanent auf Links, die Sie zu neuen Inhalten oder Webseiten führen. Wohin die Reise dabei geht, entscheidet in erster Linie der Programmierer der Webseite. Denn ein Link kann z. B. zu einem bestimmten Punkt auf der Seite führen, eine neue Seite in der offenen Registerkarte öffnen oder aber eine Seite in einem neuen Fenster öffnen.

Sie können auch selbst festlegen, dass ein Link in einer neuen Registerkarte geöffnet wird. Klicken Sie dafür – sofern vorhanden – einfach mit der mittleren Maustaste auf den Link. Alternativ finden Sie diese Funktion auch im Kontextmenü eines Links.

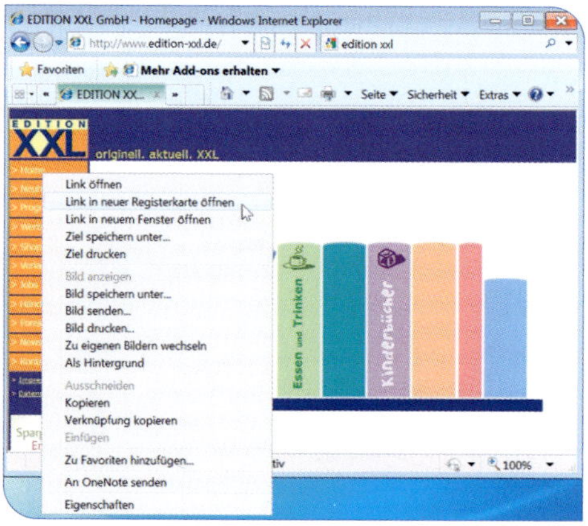


***Über das Kontextmenü können Sie einen Link in einer neuen Registerkarte öffnen.***

## Wie erkenne ich einen Link?

Nach einem Link müssen Sie in der Regel nicht lange suchen. Links sind meist farbig oder grafisch so markiert, dass man sie schnell aufspüren kann. Ist das einmal nicht der Fall, erkennen Sie einen Link spätestens dann, wenn Sie mit dem Mauszeiger darüberfahren. Berührt der Mauspfeil einen als Link programmierten Bereich, verwandelt er sich in eine Hand mit ausgestrecktem Zeigefinger. Drücken Sie nun die linke Maustaste – oder wählen Sie eine der beschriebenen Alternativen –, um den Link auszuwählen und sich mit der entsprechenden Seite zu verbinden.

## Welche Seiten habe ich besucht?

Es ist relativ einfach, eine bereits besuchte Seite schnell wieder anzusurfen, denn der Browserverlauf wird gespeichert. Klicken Sie auf das nach unten gerichtete Dreieck neben der Adressleiste, um den Browserverlauf anzuschauen. Wer nicht möchte, dass der Verlauf nachvollziehbar ist, der sollte diesen von Zeit zu Zeit löschen. Dazu öffnen Sie einfach das Pull-down-Menü „Sicherheit" und wählen den Eintrag „Browserverlauf löschen …". Alternativ können Sie auch die Tastenkombination „Strg + Umschalten + Entf" drücken, um in diese Dialogbox zu gelangen. Wollen Sie nicht immer selbst daran denken, den Verlauf zu löschen, können Sie diesen Vorgang auch automatisieren. Öffnen Sie dazu das Pull-down-Menü

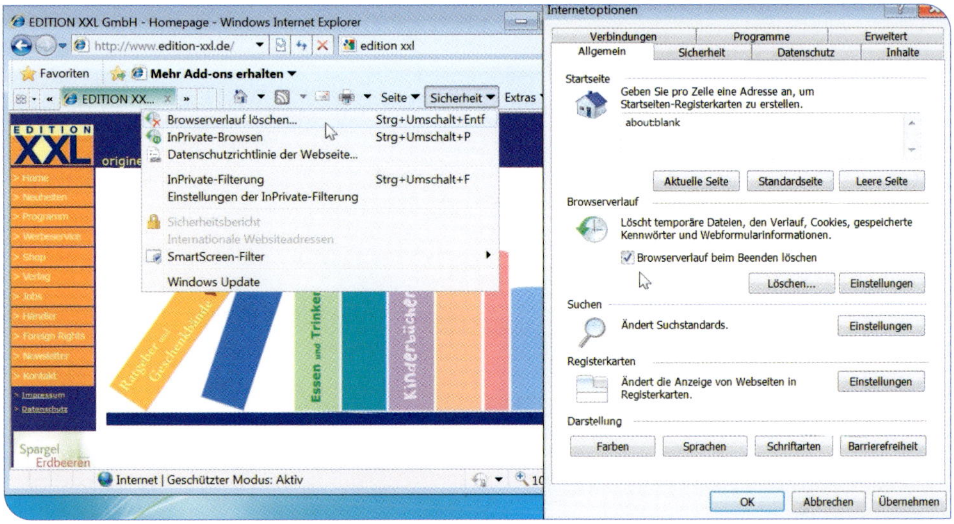


***Löschen Sie den Browserverlauf.***

„Extra" und klicken Sie auf „Internetoptionen". In der folgenden Dialogbox können Sie im Registerblatt „Allgemein" unter „Browserverlauf" die Option „Browserverlauf beim Beenden löschen" auswählen. Speichern Sie die Änderungen mit der OK-Taste.

## Wie kann ich die Ansicht vergrößern?

Unten rechts im Internet Explorer finden Sie ein Pull-down-Menü, das mit einer Lupe und einer Prozentzahl gekennzeichnet ist. Die Prozentzahl gibt Auskunft über die eingestellte Ansichtsgröße, wobei 100 % der Originalgröße entspricht. Sie können die Vergrößerungsstufe schrittweise erhöhen. Entweder über das Menü oder über die Tastenkombination „Strg + +" um die Ansicht zu vergrößern oder „Strg + –", um die Ansicht zu verkleinern. Allerdings verschlechtert sich die Bildqualität beim Vergrößern.

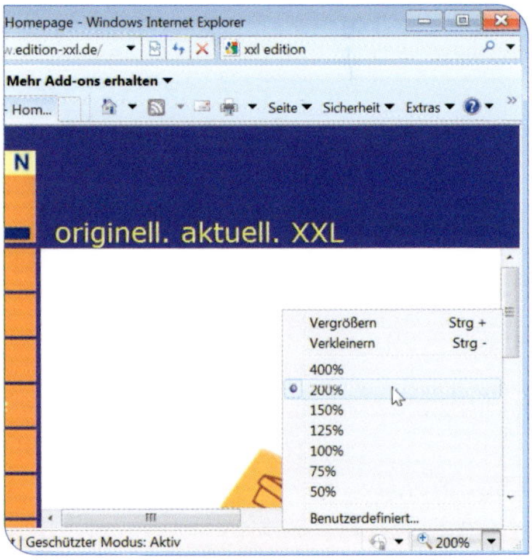


***Die Ansicht lässt sich vergrößern und verkleinern.***

# Wer suchet, der findet

Das Internet ist voller Informationen, Bilder und Unterhaltung. Doch wie findet man die Dinge, die einen interessieren? Wer hier von Webseite zu Webseite surft, der wird nur wenig Erfolg haben. Besser, man überlässt die Suche einem Spezialisten: einer sogenannten Suchmaschine.

## Was ist eine Suchmaschine?

Eine Suchmaschine ist ein effizientes Werkzeug, das Ihnen hilft, durch das Dickicht des Internets zu kommen. Eine Suchmaschine durchforstet ständig das Internet nach neuen oder veränderten Seiten und katalogisiert die gefundenen Stichwörter nach bestimmten Kriterien. Nach der Eingabe eines Suchbegriffs vergleicht die Suchmaschine diesen mit ihrem Katalog und schlägt verschiedene Seiten vor.

## Wo finde ich eine Suchmaschine?

Eine Suchmaschine können Sie wie jede andere Webseite einfach in Ihrem Webbrowser über die Adressleiste aufrufen. Alternativ steht Ihnen das Suchfeld neben der Adressleiste zur Verfügung, das Sie direkt mit einem Suchdienst verknüpfen können.

Die bekannteste Suchmaschine ist Google, die Sie über die Internetadresse www.google.de erreichen.

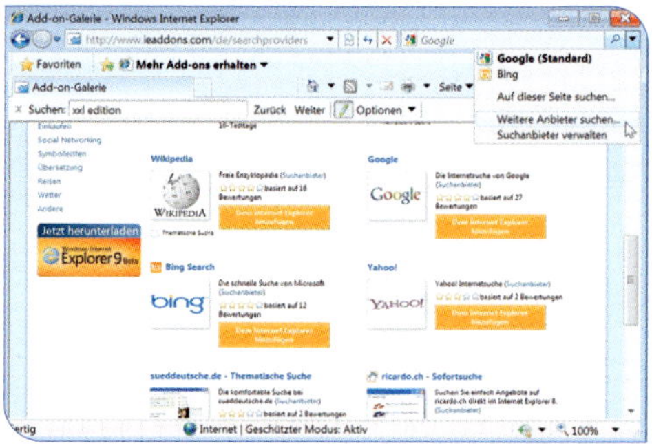


***Binden Sie eine Suchmaschine in Ihren Browser ein.***

## Wie suche ich?

Geben Sie einfach einen oder mehrere Suchbegriffe in das Textfeld ein und klicken Sie auf die Schaltfläche „Google-Suche". Im Handumdrehen findet die Suchmaschine zu den meisten Begriffen Millionen von Webseiten und listet diese nach einer vorgegebenen Gewichtung auf. Natürlich werden nicht alle Suchergebnisse auf einer Seite angezeigt, sondern nur eine Auswahl. Wollen Sie weitere Ergebnisse aufrufen, dann scrollen Sie zum Ende der Seite. Hier können Sie entweder über den „Vorwärts"-Schalter eine Seite weiterblättern oder direkt eine der nächsten Seiten über eine der angegebenen Zahlen anwählen.

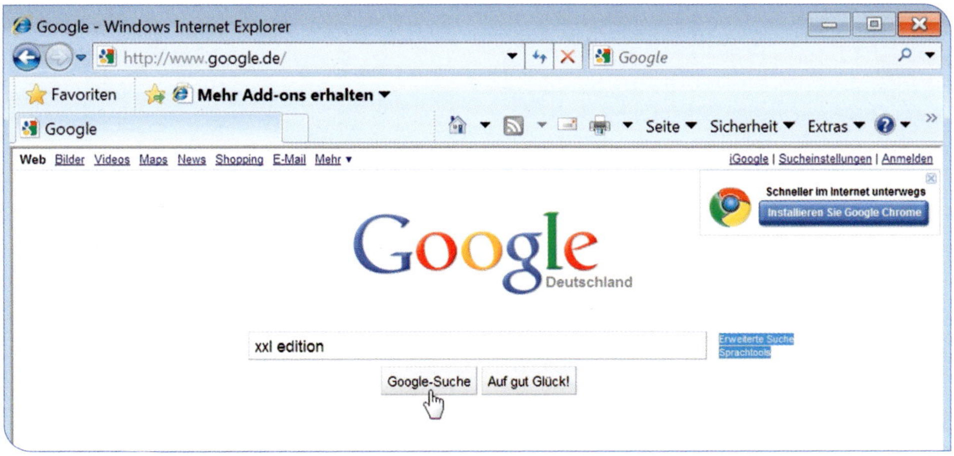


***Geben Sie einen Suchbegriff ein.***

## Lässt sich die Suche verbessern?

Sie können die Genauigkeit einer Suche erhöhen, indem Sie mehrere Suchbegriffe kombinieren. Wenn Sie beispielsweise nach einem neuen Radio für Ihr Auto mit Bluetooth-Schnittstelle, MP3-Unterstützung und USB-Port suchen, sollten Sie nicht nur „Radio" in das Textfeld eingeben. Denn dann werden auch Küchenradios, Radiowecker und andere Dinge mit „Radio" aufgelistet. Verbessern Sie die Trefferquote, indem Sie der Suchmaschine mehr Informationen geben und mehrere Suchbegriffe kombinieren. Trotz mehrerer Suchbegriffe ist die Trefferquote noch reichlich groß. Es gibt einen weiteren Trick, wie Sie die Genauigkeit erhöhen können: Wenn Sie die Suchbegriffe in Anführungszeichen setzen, können Sie eine Wortgruppensuche starten. Nun erscheinen lediglich die Seiten, die auch tatsächlich alle eingegebenen Worte enthalten.

### Suchworte im Textfeld

| Suchworte im Textfeld | Treffer bei Google |
|---|---|
| Radio | 769.000.000 |
| Autoradio | 6.940.000 |
| Autoradio Bluetooth | 1.690.000 |
| Autoradio Bluetooth USB | 481.000 |
| Autoradio Bluetooth USB MP3 | 262.000 |

## Lassen sich Seiten nach Datum sortieren?

Zum Auffinden von aktuellen Internetseiten bietet Google die Option „Erweiterte Suche" an, die Sie über einen Link rechts vom Texteingabefeld aufrufen können. Mit der Maske für die „Erweiterte Suche" ist es möglich, Wortgruppen zu definieren oder die Anzahl der angezeigten Ergebnisse zu verändern. Über verschiedene Pull-down-Menüs können Sie aber auch Suchparameter wie Sprache, Region oder Dateiformat festlegen. Mit der Option „Datum" sind verschiedene Zeiträume definierbar, z. B. „in den letzten 24 Stunden", „in der letzen Woche" oder „im letzten Jahr". Suchen Sie beispielsweise nach einer aktuellen Nachricht, sollten Sie den Zeitraum auf „in den letzten 24 Stunden" begrenzen. Nun zeigt Google nur die Seiten an, die in den letzten 24 Stunden gefunden wurden.

## Wie kann ich die gefundene Seite aufrufen?

Google zeigt die Titelzeilen der Suchergebnisse als unterstrichene Textzeilen. Hierbei handelt es sich um Links zu den gefundenen Webseiten. Wenn Sie einen davon mit der linken Maustaste anklicken, wird die Webseite im aktuellen Fenster geöffnet und die anderen Suchergebnisse verschwinden. Es ist empfehlenswert, den Link in einer neuen Registerkarte oder in einem neuen Fenster zu öffnen. Nutzen Sie dafür die mittlere Maustaste oder rufen Sie das Kontextmenü auf und wählen Sie einen Eintrag aus.

***Grenzen Sie Ihre Suchanfrage ein.***

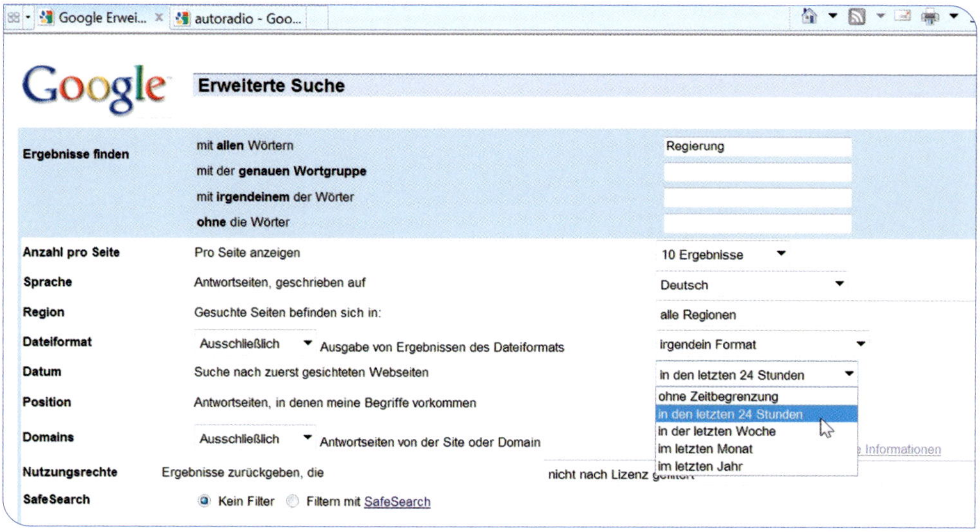

## Kann ich nur nach Webseiten suchen?

Nein, mit einer Suchmaschine können Sie auch nach Bildern, Videos oder Nachrichten suchen. Suchen Sie z. B. nach Fotos, werden alle Ergebnisse in kleinen Vorschaubildern angezeigt. Auch hier lässt sich die Suche eingrenzen, z. B. können Sie nach einer bestimmten Bildgröße oder einem vorgegebenen Bildtyp suchen lassen.

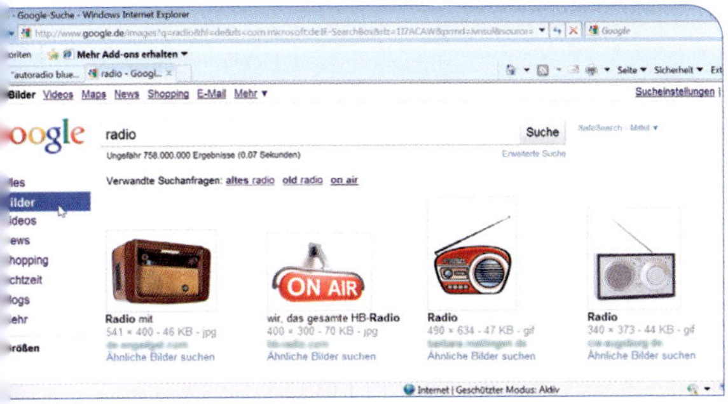


*Google sucht auch nach Bildern, Videos und mehr.*

## Muss man Groß- und Kleinschreibung beachten?

Groß- und Kleinschreibung sind unerheblich. Ob Sie „Radio", „radio" oder „RaDiO" schreiben, das Suchergebnis bleibt gleich. Auch bei Umlauten haben Sie die freie Wahl. Zwar können sich die Ergebnisse in dem einen oder anderen Fall leicht unterscheiden, die Deckung ist aber groß. Suchen Sie beispielsweise Informationen zur Landeshauptstadt von Bayern, können Sie sowohl mit dem Suchbegriff „München" als auch mit „Muenchen" erfolgreich sein. Auch bei verschiedenen Schreibweisen oder bei der Rechtschreibung ist Google flexibel: „Grafik" oder „Graphik" bringen fast deckungsgleiche Ergebnisse.

*Unterschiedliche Schreibweisen bringen ähnliche Ergebnisse.*

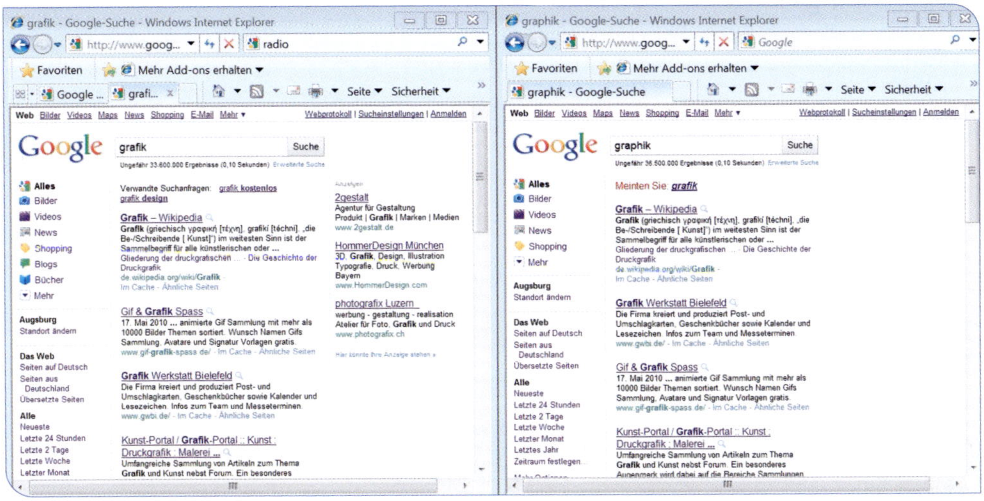

# Elektronische Post

Elektronische Briefe über das Internet zu verschicken hat sich nicht nur in der Arbeitswelt durchgesetzt, sondern wird auch von vielen Anwendern für die private Kommunikation genutzt. Dabei spricht man im Allgemeinen natürlich nicht von der elektronischen Post oder einem elektronischen Brief, sondern von einer E-Mail, englisch „electronic mail", was übersetzt „elektronische Post" bedeutet.

## Was brauche ich um E-Mails zu nutzen?

Neben einem PC brauchen Sie natürlich auch einen Internetzugang und eine E-Mail-Adresse. Praktisch ist zudem ein E-Mail-Programm, wie z. B. Windows Live Mail von Microsoft. Allerdings besteht bei vielen E-Mail-Anbietern die Möglichkeit, die elektronische Post auch über einen Webbrowser abzurufen und zu verwalten.

## Wie erhalte ich eine Mail-Adresse?

Eine eigene E-Mail-Adresse erhalten Sie von Ihrem Internet-Provider oder einem E-Mail-Anbieter aus dem Internet. Dabei können Sie sich in der Regel einen Teil der E-Mail-Adresse selber aussuchen – sofern dieser, beispielsweise der Name, noch nicht von einem anderen Kunden genutzt wird.

Eine E-Mail-Adresse besteht aus vier Bausteinen: Den ersten Teil können Sie selber wählen. Hier entscheiden sich viele Nutzer für ihren Namen. Als zweite Komponente steht das @-Zeichen, das den eigenen Namen von dem des Anbieters trennt. Als letzter Bestandteil kommt dann noch der Anhang, der wie bei einer Webseite z. B. „.de" lauten könnte. Eine gültige E-Mail-Adresse könnte also wie folgt aussehen: Mustermann@edition-xxl.de

**Tipp:** Das @-Zeichen finden Sie auf Ihrer Tastatur auf der Q-Taste. Um ein @ zu schreiben, müssen Sie die Tasten „Alt Gr + Q" gemeinsam drücken.

## Wie komme ich an meine E-Mails?

Zunächst brauchen Sie ein Programm, in dem Sie E-Mails schreiben können. Am einfachsten nutzen Sie ein Online-Postfach, das Sie von Ihrem Anbieter bekommen. Dann brauchen Sie keine Software auf Ihrem PC installieren und können von jedem internetfähigen Rechner weltweit auf Ihre E-Mails zugreifen. Zu einem solchen Portal wird meist eine sichere Verbindung über das Internet aufgebaut, die in der Adressleiste des Browsers mit einem Schloss

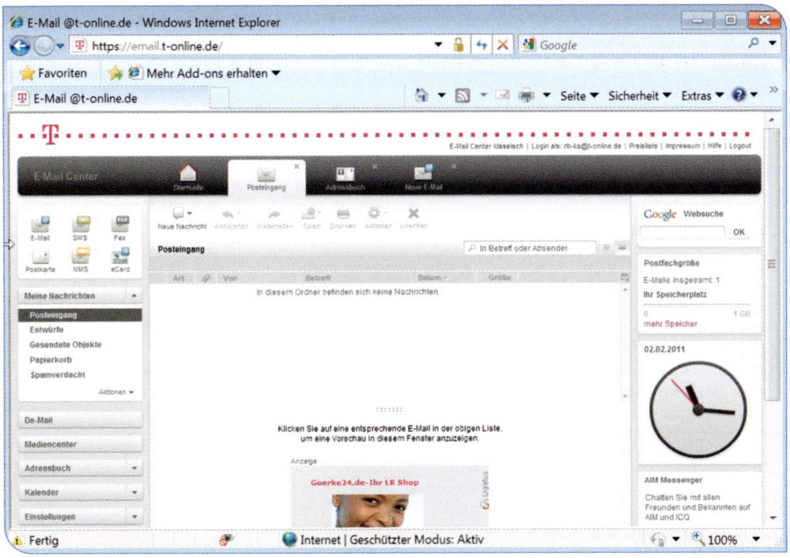


***Wenn Sie über den Browser auf einen Online-E-Mail-Dienst zugreifen, müssen Sie keine Software bei sich auf dem Rechner installieren.***

angezeigt wird. Außerdem wird die Webadresse nicht mit dem üblichen „http://" eingeleitet, sondern mit „https://". Das „s" steht für „secure" (engl. für „sicher").

## Wie ist der Zugang geschützt?

Das Online-Postfach ist auf dieselbe Weise geschützt wie ein Programm auf dem Rechner, denn Sie benötigen ein Passwort, um Ihre E-Mails abzurufen. Wenn Sie ein E-Mail-Programm auf Ihrem Computer benutzen, brauchen Sie zudem weitere Angaben von Ihrem Provider, um eine Verbindung zu Ihrem Postfach herzustellen, z. B. den Namen des Posteingangs- und Postausgangsservers. Diese Angaben müssen Sie in das E-Mail-Programm übertragen.

Es ist also deutlich komplizierter, ein E-Mail-Programm auf dem eignen PC zu konfigurieren, als sich kurz beim E-Mail-Dienst mit seiner E-Mail-Adresse und einem Passwort einzuloggen.

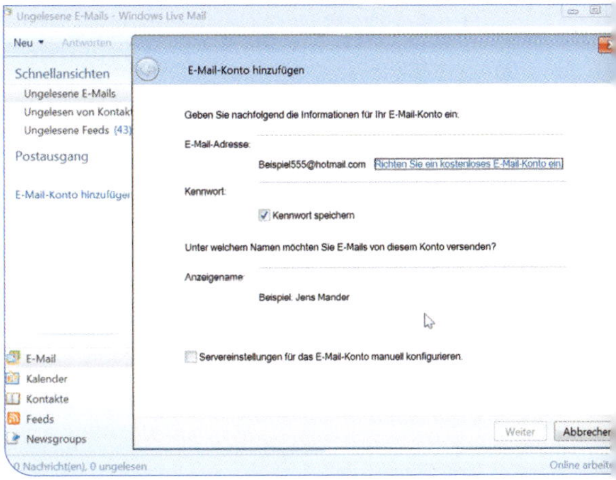


***So richten Sie ein E-Mail-Programm ein.***

## Wie schreibe ich eine E-Mail?

Bei beiden Varianten (E-Mail-Dienst oder E-Mail-Programm) ist der Ablauf beim Schreiben von E-Mails sehr ähnlich. Suchen Sie einen Eintrag, der so oder ähnlich heißt: „Neue E-Mail". Schon sollte sich ein Fenster mit einem E-Mail-Formular öffnen, das Sie nun nur noch auszufüllen brauchen. Wichtig ist hier zunächst die E-Mail-Adresse des Empfängers. Wenn Sie bereits ein Adressbuch angelegt haben, können Sie die E-Mail-Adresse einfach übernehmen. Klicken Sie auf „An" um nach einer Adresse zu suchen.

Sie können eine E-Mail natürlich auch an mehrere Empfänger versenden. Trennen Sie in der Adressleiste die einzelnen E-Mails-Adressen einfach durch ein Semikolon. Wollen Sie eine E-Mail an mehrere Empfänger senden, ohne dass diese sehen, an wen die Mail noch gegangen ist, dann schreiben Sie die Adressen in das Feld „BCC" (Blind Carbon Copy, was „Blindkopie" bedeutet). Die hier eingetragenen E-Mail-Adressen sind für den Empfänger nicht sichtbar.

Jetzt sollten Sie das Thema Ihrer E-Mail in die Betreffzeile schreiben. Diese wird in den meisten E-Mail-Programmen deutlich hervorgehoben angezeigt und der Empfänger weiß gleich, worum es in Ihrer Mail geht.

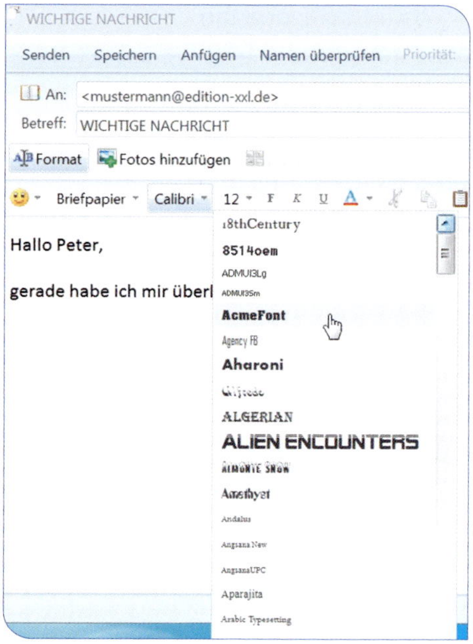


***Geben Sie einen Empfänger an und einen Betreff.***

## Lässt sich der Text formatieren?

Texte in E-Mails lassen sich ähnlich wie in Word, allerdings nicht in gleichem Umfang, formatieren: bunte Schriften in verschiedenen Schriftfarten sind heutzutage kein Problem. Wenn Sie allerdings aufwendig gestaltete Texte versenden wollen, dann sollten Sie ein Word-Dokument als Anhang versenden.

## Wie füge ich einen Anhang an?

E-Mails transportieren nicht nur Text, sondern können auch Dateien wie Bilder, Musik oder Videos als Anhang von A nach B bringen. Achten Sie aber darauf, dass der Anhang nicht zu groß ist, da E-Mail-Eingänge bei verschiedenen Anbietern und Firmen auf eine gewisse Größe beschränkt sind. Zehn MB (Megabyte) sind hier ein gutes Maß. Wenn Sie mehr versenden wollen, dann sollten Sie sich beim Empfänger informieren, ob er eine größere Datenmenge auch empfangen kann.

Das Anhängen einer Datei an eine E-Mail wird von Programm zu Programm unterschiedlich ausgeführt. Bei Windows Live Mail finden Sie z. B. den Button „Anfügen“, mit dem Sie ein Verzeichnis-Fenster öffnen und eine Datei per Doppelklick einbinden.

## Wie versende ich eine E-Mail?

Ist Ihre E-Mail fertig für den Versand, dann klicken Sie einfach auf den Button „Senden“ und schon macht sich das digitale Paket auf die Reise zum Empfänger. Im Gegensatz zur klassischen Post dauert es auf elektronischem Weg meist nur wenige Sekunde, bis die E-Mail beim Empfänger angekommen ist, ganz egal, wo er sich auf der Welt befindet.

## Wie kann ich eine E-Mail empfangen?

Wenn Sie einen gültigen E-Mail-Zugang haben, dann können Sie natürlich nicht nur E-Mails verschicken, sondern auch empfangen. Wenn Sie einen E-Mail-Dienst nutzen, finden Sie die eingetroffenen Mails im Posteingang. Ebenso sieht es bei der stationären Lösung mit E-Mail-Programmen aus. Beachten Sie aber, dass auch der Posteingangsserver entsprechend den Vorgaben Ihres Anbieters konfiguriert sein muss.

**Achtung:** Wenn Sie Ihr Postfach online führen, dann achten Sie auf den verfügbaren Speicherplatz. Viele E-Mail-Dienste haben den Speicherplatz für E-Mails begrenzt – ein Nachteil, den man bei einem Programm auf dem Rechner nicht hat.

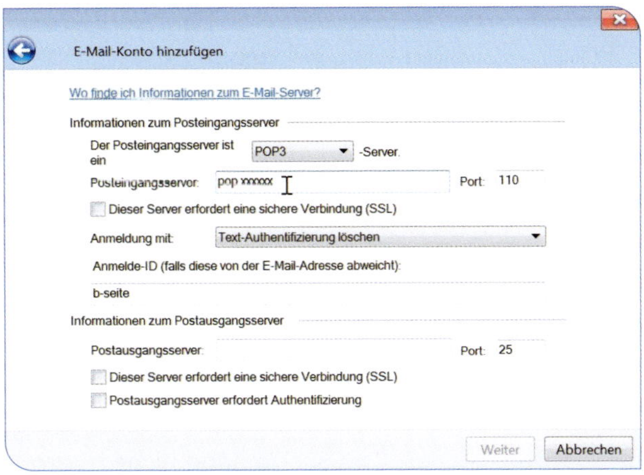


***Bevor Sie E-Mails empfangen oder versenden können, müssen Sie das E-Mail-Programm konfigurieren. Die nötigen Angaben unterscheiden sich von Anbieter zu Anbieter.***

# Telefonieren, Chatten und Musik herunterladen

Das Internet bietet natürlich noch deutlich mehr als die hier beschriebenen Funktionen. Freuen Sie sich auf eine spannende Entdeckungstour, wenn Sie Ihr erstes Telefonat über das Internet führen, ein Musikstück herunterladen, einen Kinofilm aus der Online-Videothek ausleihen oder ein schönes Stück in einem Online-Auktionshaus ergattern. Ein paar Anregungen für spannende und entspannende Stunden im World Wide Web bekommen Sie auf dieser Seite.

### Wie kann ich über das Internet telefonieren?

Viele der großen Telefonanbieter ermöglichen Kunden, auch Telefonate über das Internet zu führen. Das kann günstiger sein, vor allem, wenn ein Gespräch ins Ausland geht. Dabei ist der Ablauf genauso einfach wie mit einem normalen Telefon, allerdings müssen alle Komponenten Telefonie über das Internet unterstützen.

Telefonate über das Internet werden übrigens als VoIP bezeichnet, was „Voice over IP" (Internet Protocol) bedeutet.

### Wie läuft ein Video-Chat ab?

Mit dem Programm Skype (das kostenlos im Internet heruntergeladen werden kann) können Sie mit anderen Skype-Nutzern weltweit gebührenfrei telefonieren oder Video-Telefonate führen. Dabei können die Teilnehmer Ihr Gegenüber im Live-Bild auf dem PC-Monitor sehen. Voraussetzungen sind natürlich eine aktive Internetverbindung und jeweils eine Webcam an den PCs der Gesprächspartner.

### Kann ich im Internet einkaufen?

Im Internet einzukaufen wird immer beliebter. Handys, Musik, Videos, Spiele – in Onlineshops gibt es fast alles zu kaufen. Allerdings sollte man ein paar Dinge beachten, wenn man im Internet auf Shoppingtour geht. Kaufen Sie nur bei seriösen, am besten zertifizierten Händlern ein. Achten Sie darauf, dass sensible Daten, wie z. B. die Nummer Ihrer Kreditkarte, nur über eine sichere Verbindung übertragen wird. Eine sichere Verbindung wird durch ein Schlosssymbol in der Adressleiste und mittels „https://" angezeigt.

### Wie komme ich an Musik und Videos?

Musik und Videos gibt es mittlerweile auch bequem und aus legalen Quellen im Internet. Die Musik ist als Download in der Regel günstiger als ein gepresster Tonträger. Videofans können mit einer schnellen Internetverbindung Videos auch über das Internet anschauen. Somit ersparen Sie sich den Weg zur Videothek. Die Videos stehen Ihnen je nach Anbieter ein oder mehrere Tage zur Verfügung.

Alternativ gibt es auch kostenlosen Filmspaß im Word Wide Web, z. B. bei den öffentlich-rechtlichen Sendern findet man große Mediatheken mit Fernsehfilmen, Serien und Nachrichtensendungen zum kostenlosen „Streamen". „Streamen" bedeutet, die Filme werden nicht auf Ihrem Computer gespeichert, sondern direkt aus dem Netz abgespielt.

### Was ist ein soziales Netzwerk?

Soziale Netzwerke wie Facebook etc. finden immer mehr Anhänger. Es handelt sich um Internetplattformen, auf denen Sie Freunde treffen und sich austauschen können. Es ist ebenso möglich, Nachrichten zu hinterlassen oder Fotogalerien oder Videos hochzuladen. So können Ihre Freunde immer sehen, was Sie gerade gemacht haben. Natürlich laden solche Plattformen auch zum gemeinsamen Spielen oder Chatten ein (unter „Chatten" versteht man ein Gespräch in Schriftform). Sie schreiben sich also live kleine Textnachrichten.

### Wie bekomme ich meine eigene Webseite?

Sie möchten Ihre eigene Webseite ins Netz stellen? Kein Problem! Viele Provider, die Ihnen den Internetzugang freischalten, bieten auch Pakete an, mit denen Sie eine Homepage basteln können.

Grundsätzlich benötigen Sie dafür eine Software, mit der Sie eine Webseite gestalten können. Für Einsteiger sind hier Baukastensysteme zu empfehlen. Außerdem benötigen Sie Speicherplatz im Internet und eine Adresse für die Homepage. Den Speicherplatz bietet ebenfalls der Provider an. Einige Pakete enthalten bereits ein wenig davon, bei anderen muss man diesen zusätzlich buchen. Die Webseiten-Adresse wird ebenfalls von einem Anbieter für Sie geordert. Ob Ihre Wunschadresse noch frei ist, können Sie bei der zentralen Registrierungsstelle für Domains DENIC eG unter „denic.de" herausfinden.

Wie Sie sehen bietet Ihnen das Internet viele Möglichkeiten. Wir wünschen Ihnen viel Spaß und immer einen sicheren und aktuellen Virenschutz!

# Register